CATALOGUE

DES

LIVRES RARES ET CURIEUX

LA PLUPART SUR GRAND PAPIER DE HOLLANDE
OU SUR PAPIER DE CHINE

COMPOSANT LA

BIBLIOTHÈQUE DU CHATEAU DE N***

DONT LA VENTE AURA LIEU

Les jeudi 30 novembre, vendredi 1ᵉʳ et samedi 2 décembre 1876
à 1 heure et demie précises

Hôtel des commissaires-priseurs, rue Drouot

SALLE N° 3

Par le ministère de Mᵉ MAURICE DELESTRE, commissaire-priseur,
Successeur de Mᵉ DELBERGUE-CORMONT
Rue Drouot, 23.

PARIS

ADOLPHE LABITTE

LIBRAIRE DE LA BIBLIOTHÈQUE NATIONALE
4, rue de Lille, 4

—

1876

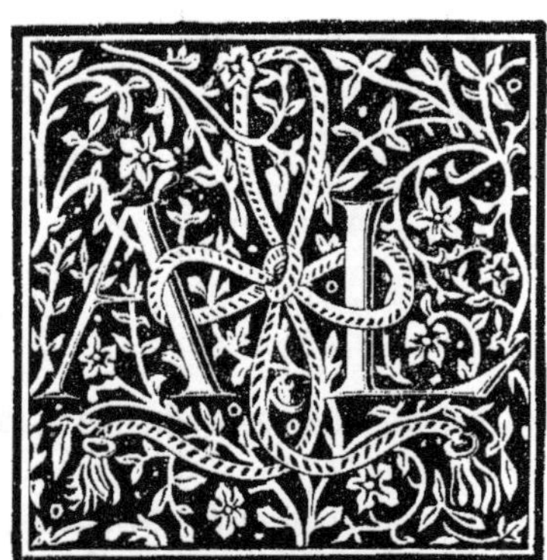

Paris. — Typographie Georges Chamerot, rue des Saints-Pères, 19.

CATALOGUE

DE

LIVRES RARES ET CURIEUX

ORDRE DES VACATIONS.

Première vacation. — *Jeudi 30 novembre 1876.*

1 à 59.

484 à 637.

Deuxième vacation. — *Vendredi 1er décembre.*

60 à 265.

Troisième vacation. — *Samedi 2 décembre.*

266 à 482.

CONDITIONS DE LA VENTE.

La vente se fait au comptant. Les acquéreurs payeront cinq centimes par franc, en sus des enchères, applicables aux frais.

Les livres vendus doivent être collationnés sur place dans les vingt-quatre heures de l'adjudication. Passé ce délai, ou une fois sortis de la salle de vente, ils ne seront repris pour aucune cause.

Il y aura, chaque jour de vente, exposition à une heure de l'après-midi.

Le libraire chargé de la vente remplira les commissions des personnes qui ne pourraient y assister.

Paris. — Typographie Georges Chamerot, rue des Saints-Pères, 19.

CATALOGUE

DES

LIVRES RARES ET CURIEUX

LA PLUPART SUR GRAND PAPIER DE HOLLANDE
OU SUR PAPIER DE CHINE

COMPOSANT LA

BIBLIOTHÈQUE DU CHATEAU DE N***

DONT LA VENTE AURA LIEU

Les jeudi 50 novembre, vendredi 1ᵉʳ et samedi 2 décembre 1876
à 1 heure et demie précises

Hôtel des commissaires-priseurs, rue Drouot
SALLE N° 3

Par le ministère de Mᵉ MAURICE DELESTRE, commissaire-priseur,
Successeur de Mᵉ DELBERGUE-CORMONT
Rue Drouot, 23.

PARIS

ADOLPHE LABITTE
LIBRAIRE DE LA BIBLIOTHÈQUE NATIONALE
4, rue de Lille, 4

1876

CATALOGUE

DES

LIVRES RARES ET CURIEUX

COMPOSANT LA

BIBLIOTHÈQUE DU CHATEAU DE N***.

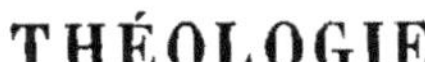

THÉOLOGIE

ET

HISTOIRE DES RELIGIONS.

1. BIBLIA SACRA vulgatæ editionis. *Moguntiæ,* 1609, in-4, demi-rel.

Nombreuses figures de Th. de Bry.

2. Liber psalmorum Davidis. *Lutetiæ,* 1546, pet. in-8, maroq. large rouge, dent. tr. dor. (*Anc. rel.*)

3. JÉSUS-CHRIST, par Louis Veuillot, avec une étude sur l'Art chrétien, par E. Cartier, ouvrage contenant 180 gravures et 16 chromolithographies. *Paris, Firm.-Didot,* 1875, demi-rel. maroq. rouge avec coins, dos orné, fil. tête dor. n. rog.

Exemplaire en GRAND PAPIER.

4. Le Nouveau Testament, avec les Actes des Apôtres, traduit en français par de Sacy. *Paris,* 1808, 2 vol. in-8, figures de Moreau jeune, v. ant. tr. dor.

6. La Sainte Bible, qui contient le Vieux et le Nouveau Testament, le tout disposé en cet ordre par les soins de Samuel Des Marets. *A Amsterdam, chez Louys et Daniet Elzevier,* 1669, in-fol. v.

Taches et raccommodages.

7. Postilla, seu expositio litteralis et moralis Nicolai de Lyra super epistolas et evangelia. (*Ad finem :*) *Studio et impensis Johannis de Vingle,* 1496, pet. in-4, gothique, maroq. rouge, fil. tr. dor. (*Rel. mod.*)

Piqûres de vers.

8. Les Confessions de saint Augustin, traduites en françois par M. Du Bois, de l'Académie françoise. *A Paris, de l'Imprimerie royale,* 1758, 3 vol. in-12, maroq. rouge, fil. doublé de satin bleu, tr. dor. (*Rel. anc.*)

Bel exemplaire.

9. Oraison funèbre de Florette de Sarrat, épouse de Jean de Montcalm, prononcée à ses obsèques par Claude Baduel. *Lyon, chez Estienne Dolet,* 1542, in-8, maroquin brun, dent. intérieure, tr. dor. (*Amand.*)

Réimpression à 50 exempl.

10. Les Oraisons funèbres de Bossuet, *Tours, Mame.* 1869, grand in-8 br.

Gravures à l'eau-forte par Foulquier. — Exemplaire en GRAND PAPIER DE HOLLANDE.

11. Heures nouvelles, dédiées à Madame la Dauphine, écrites et gravées par L. Senault. (*Paris, s. d.*) in-8, maroq. rouge jans. tr. dor.

Volume entièrement gravé.

12. Explication des cérémonies de la Fête-Dieu d'Aix en Provence (par Gaspard Grégoire). *A Aix, chez Esprit David,* 1772, in-12, figures, maroq. rouge foncé, dent. int. tr. dor. (*Cuzin.*)

Exemplaire relié sur brochure.

13. Explication des Cérémonies de la Fête-Dieu d'Aix en Provence, (par Gaspard Crégoire). *A Aix, chez Esprit David,* 1777, in-12, demi-rel. maroq. brun, avec coins, tête dor. n. rog. (*Allo.*)

14. PENSÉES DE PASCAL, publiées d'après le texte authentique par Victor Rocher. *Tours, Mame,* 1873, gr. in-8, br.

Exemplaire en GRAND PAPIER DE HOLLANDE.

15. Mémorial religieux et biblique, ou Choix de pensées sur la Religion et sur l'Ecriture Sainte (par Gabriel Peignot), 1824, in-16, demi-rel. maroq. brun, avec coins, tête dor. n. rog. (*Amand.*)

16. Les Œuvres de messire Ch. Joachim, évêque de Montpellier. *A Cologne,* 1840, 3 vol. in-4, maroq. rouge, fil. tr. dor. (*Anc. rel.*)

17. Mémoires sur les libertés de l'Église gallicane. *Amsterdam,* 1755. — Portrait au naturel des Jésuites anciens et modernes, ou Image véritable du premier et du dernier siècle de la Société de Jésus. *Amsterdam,* 1731, ens. 2 ouvr. in-12 et in-8, v. fauve antiq.

Ces deux ouvrages portent, sur le dos de la reliure, les armes de ROHAN, PRINCE DE SOUBISE.

18. Les Miracles de madame sainte Katherine de Fierboys (1375-1446), publiés par M. l'abbé J.-J. Bourassé. *Paris, Aug. Aubry,* 1861, in-12, demi-rel. maroq. vert, avec coins, fil. tête dor. n. rog. (*Capé.*)

Exemplaire sur PAPIER VÉLIN.

19. Les Avantures de la Madona et de François d'Assise, par Renoult. *Amsterdam,* 1750, in-12, v. f. fil. *figures.*

20. La Vie du bienheureux J.-F. Régis, par le R. P. Daubenton. *Paris,* 1716, in-4, v. br. *portrait.*

21. La Confession coupée, ou la Méthode facile pour se préparer aux confessions particulières et géné-

rales, de l'invention du R. P. Christophle Leute-
breuver, religieux de l'ordre Saint-François, avec
un Traité des péchés plus communs des gens mariés.
A Paris, chez Denys Thierry et Cl. Barbin, 1677,
in-12, demi-rel. maroq. brun, avec coins, tête
dor. n. rog.

22. De l'Abus des nuditez de gorge, attribué à l'abbé
J. Boileau. *Paris, Adolphe Delahays,* 1878,
in-12, demi-rel. maroq. rouge, tête dor. n. rog.

— Même ouvrage, même édition, demi-rel. mar.
bleu, avec coins, tête dor. n. rogn. (*Amand.*)

23. De l'Abus des nudités de gorge (par Jacques
Boileau). *Jouxte la copie imprimée à Bruxelles. A
Paris,* 1677, in-12, v. antiq.

24. Rome souterraine, résumé des découvertes de
M. de Rossi dans les Catacombes romaines, par
J. Sponcer Northcote et W. R. Brownlow, traduit
de l'anglais par P. Allard. *Paris, Didier,* 1872,
in-8, tr. n. coup., ouvrage illustré.
Un des 10 exemplaires SUR GRAND PAPIER DE HOLLANDE.

25. Histoire ecclésiastique du diocèse de Lyon, par
Jean-Marie de La Mure. *Lyon,* 1671, in-4, v.
Transposition à la fin du volume.

26. L'Alcoran des Cordeliers, tant en latin qu'en
françois. *Amsterdam,* 1734, 2 vol. in-12, demi-
rel. maroq. r.
Figures de BERNARD PICART.

27. Histoire critique de Manichée et du Manichéisme,
par de Beausobre. *Amsterdam, Fréd. Bernard,*
1734, in-4, v. ant.
Exemplaire aux armes de SOUBISE.

28. Superstitions orientales, ou Tableau des erreurs
et des superstitions des principaux peuples de
l'Orient. *Paris,* 1785, in-fol. dérel. figures.

29. Institutio Christianæ religionis, Johanne Calvino authore, 1561, in-8, vélin.

30. Critique générale de l'Histoire du Calvinisme, par Maimbourg. *Villefranche*, 1682. — Nouvelles Lettres de l'auteur de la Critique générale. *Villefranche*, 1685, 2 vol. — Ensemble 3 vol. in-12, rog. f.

Ces deux ouvrages sont de Pierre Bayle.

31. Les Toulousaines, ou Lettres historiques et apologétiques en faveur de la religion réformée et des divers protestants condamnés dans ces derniers temps par le Parlement de Toulouse. *Edimbourg (France)* 1763, in-12, maroq. rouge, jans. dent. int. tr. dor. (*Amand.*)

---

32. Dictionnaire portatif de la Fable, par Chompré, édition revue par Millin. *Paris, Desray*, 1801, 2 t. en 1 vol. in-8, papier vélin, v. f. tr. dor.

33. La Mythologie mise à la portée de tout le monde. *Paris, Déterville, an VII*, 12 vol. in-18, bas. tr. dor.

Figures en couleurs.

34. Lettres à Émilie sur la mythologie, par C.-A. Demoustier. *Paris, Furne et Jouvet*, 1868, gr. in-8, portrait double épreuve avant la lettre, et figures gravées et tirées sur chine, d'après Moreau le jeune, maroq. rouge jans. dent. int. doublé de moire bleue, tr. dor. (*Amand.*)

Exemplaire en GRAND PAPIER DE HOLLANDE.

SCIENCES ET ARTS.

35. Les Essais de Michel, seignevr de Mo. taizne,
édition novvelle enrichie d'annotations en m.. ze,
corrigée et augmentée d'un tiers outre les pr..cé-
dentes impressions, etc. *A Paris, chez Fran..is
Gueffier, rue Saint-Jean de Latran*, 1611, in-8,
titre front. gravé, maroq. jans. dent. int. tr. dor.
(*Gruel.*)

36. Les Essais de Michel, seigneur de Montaigne,
avec la Vie de l'auteur, plus deux tables. *Paris,
Jean Camusat*, 1635, in-fol. bas.

37. Les Essais de Michel, seigneur de Montaigne,
ensemble la Vie de l'auteur. *Paris, chez Augustin
Courbé*, 1652, in-fol. v. br.

38. Les Essais de Montaigne. *Paris*, 1757, in-fol. v.

39. Essais de Michel de Montaigne. *Paris, Bastien*,
1793, 3 vol. in-8, v. marbr. fil. tr. dor.

40. Essais de Michel de Montaigne, nouvelle édition, avec les notes de tous les commentateurs,
choisies et complétées par M. J.-V. Le Clerc, précédée d'une nouvelle étude sur Montaigne, par
M. Prévost-Paradol. *Paris, Garnier*, 1865, 4 vol.
gr. in-8, portrait, maroq. rouge, dos orné, fil. à
comp. tr. dor. (*Galette.*)
Exemplaire en GRAND PAPIER DE HOLLANDE.

41. De la Sagesse, par Pierre Charron. *Paris, chez
Journel*, 1657, in-12. frontispice gravé, maroq.
rouge, fil. tr. dor. (*Rel. anc.*)

42. De la Sagesse, trois livres, par Pierre Charron. *Paris, Lefèvre,* 1836, in-8, demi-rel. maroq. rouge, tête dor. n. rog.

43. Maximes et Réflexions morales du duc de la Rochefoucauld (avec une notice sur le caractère et les écrits de la Rochefoucauld, par M. Suard). *Paris, de l'Imprimerie royale,* 1778, in-8, réglé, portrait d'après Petitot, gravé par Choffard, in-8, maroq. bleu, fil. à comp. tr. dor. (*Anc. rel.*)

44. Réflexions ou Sentences et Maximes morales de la Rochefoucauld, édition publiée par Aimé-Martin. *Paris, Lefèvre,* 1822, in-8, portrait, demi-rel. maroq. rouge avec coins, tr. sup. dorée, n. rog.

45. Réflexions ou Sentences et Maximes morales de la Rochefoucauld, textes de 1665 et de 1678, revus par Ch. Royer. *Paris, Alph. Lemerre,* 1870, in-12, br. n. coup. couv. en vél. blanc, portrait gravé à l'eau-forte, avec et avant la lettre.

Exemplaire sur PAPIER DE CHINE.

46. Maximes de Madame de Sablé (1678), publiées par D. Jouaust, imprimeur. *Paris,* 1870, in-12, br. n. coup.

Exemplaire sur PAPIER DE CHINE.

47. LA BRUYÈRE. — Les Caractères de Théophraste, traduits du grec, avec les Caractères ou les Mœurs de ce siècle. *Paris, Estienne Michallet,* 1696, in-12, maroq. brun jans. dent. int. tr. dor. (*Cuzin.*)

9e édition. Haut. 152 mill.

48. LA BRUYÈRE. — Les Caractères de Théophraste, traduits du grec, avec les Caractères ou les Mœurs de ce siècle. *Paris, Estienne Michallet,* 1696, in-12, maroq. bleu jans. dent. int. tr. dor. (*Ve Niedrée*).

9e édition. Haut. : 159 mill.

**49. LA BRUYÈRE. Les Caractères de Théophraste, traduits du grec, avec les Caractères et les Mœurs

de ce siècle (par la Bruyère). *Paris, Estienne Michallet*, 1696, in-12, maroq. br. doublé de maroq.
rouge, compartiments dorés à petits fers, tr. dor.
(*Cuzin, dorure de Marius Michel.*)

Superbe exemplaire. Hauteur : 160 mill.

50. LES CARACTÈRES DE LA BRUYÈRE, avec portrait,
dix-huit gravures à l'eau-forte, par V. Foulquier.
Tours, A. Mame, 1867, in-4, demi-rel. maroq.
rouge, fil. dos orné, tête dor. n. rog. (*Galette.*)

Exemplaire en GRAND PAPIER DE HOLLANDE.

51. Les Caractères ou les Mœurs de ce siècle, précédés des Caractères de Théophraste, traduits du
grec par la Bruyère, avec une notice et des notes par Ch. Asselineau. *Paris, Alph. Lemerre*,
1872, 2 vol. gr. in-8, br. n. coup. couv. en vélin, portrait 2 états.

Un des 27 exemplaires sur grand PAPIER WHATMAN.

52. Les Sentimens de l'honneste homme, par le sieur
Chorier. *Paris, Ant. de Sommaville*, 1642, in-4,
vélin.

53. De l'Esprit. *A Amsterdam et Leipsick*, 1772,
2 vol. in-12, maroq. rouge, fil. tr. dor. (*Anc.
rel.*)

54. Traité des restitutions des Grands (par M. Claude
Joly). (*A la Sphère*), 1666, in-12, maroq. rouge,
fil. tr. dor.

Tache sur les marges.

55. Les Devoirs des maîtres et des domestiques, par
M⁴ Claude Fleury, prêtre, abbé du Loc-Dieu.
Paris, 1688, in-12, maroq. rouge, dos orné, fil.
dent. int. tr. dor. (*Cuzin.*)

Édition originale. Bel exemplaire.

56. Les Mœurs (par Panage). *S. l.* 1715, 3 parties
en 1 vol. pet. in-8, front. v. fauve, fil. tête dor.
n. rog.

57. Discours de la nature et des effets du luxe, par
le P. G. B. (le père Gerdil). *Turin*, 1768, in-8,
demi-rel. maroq. citr. avec coins, tr. sup. dor.
n. rog.

58. Plaidoyer de M. Freydier, avocat à Nismes, contre l'introduction des cadenats, ou ceintures de
chasteté. *Montpellier*, 1760, in-8, v. f. fil. tr. dor.
Deux planches ajoutées.

59. Champfleury. Les Enfants, avec 90 gravures noires, et eaux-fortes. *Paris, J. Rothschild,*
1873, gr. in-8 carré, br. n. coup.
Exemplaire sur PAPIER DE CHINE.

2. SCIENCES NATURELLES ET MÉDICALES.

60. Fr. Baconis Sylva sylvarum, sive Historia natu-
ralis et nova Atlantis. *Amstel., ex off. Elzeviriana,*
1661, in-12, maroq. br. tr. dor. (*V.e Niedrée.*)
Exemplaire grand de marges.

61. Les Amis de la nature, par Champfleury. *Paris,*
Poulet-Malassis, 1859, in-12 carré, frontispice
gravé à l'eau-forte par Bracquemond, cart. n. rog.

62. Champfleury. Les Chats, histoire, mœurs, observations, anecdotes, illustré de 80 dessins. *Pa-*
ris, Rothschild, 1870, in-12, br.
Un des 18 exemplaires sur PAPIER DE CHINE.

63. Histoire des rats, pour servir à l'histoire universelle (par M. de Sigrais). *A Ratopolis,* 1737,
in-8, 2 figures gravées, maroq. amaranthe, jans.
dent. int. tr. dor. (*Amand.*)

64. Dissertation sur la soye des Araignées, en latin
et en françois, par M. Bon, premier président à la
cour des comptes de Montpellier. *Avignon,* 1748,
in-8, v. *Rare.*

65. OLIVIER DE SERRES. Théâtre d'agriculture. *Paris,*
Huzard, 1804, 2 vol. in-4, f. v. tr. dor. (*Rel. mod.*)
Bel exemplaire.

66. HISTOIRE NATURELLE et générale des colibris,
oiseaux-mouches, etc., par Audebert et L.-P. Vieil-
lot. *Paris, Desray,* 1802, 2 vol. in-4, demi-rel.
dont 1 de planches coloriées.

67. Art de faire éclore et d'élever en toute saison
des oiseaux domestiques de toutes espèces, par de
Réaumur. *Paris, de l'Imprimerie royale,* 1751,
2 vol. in-12, v. tr. dor.

Aux armes de DESMARETS, SEIGNEUR DE MAILLEBOIS.

68. Traité des arbres fruitiers, par Duhamel du Mon-
ceau. *Paris, Saillant,* 1768, 2 vol. gr. in-4, fig.
v. ant. fil. tr. dor.

69. Les OEuvres d'Ambroise Paré, revues et aug-
mentées par l'auteur, peu auparavant son décez,
cinquiesme édition. *Paris, V* Gabriel Buon,* 1598,
in-fol. bas.

Exemplaire bien conservé.

70. Leonardi Botalli Opera omnia (medica). *Lugd.
Bat., ex off. Danielis à Gaasbeeck,* 1660, pet.
in-8, maroq. sav. tr. dor. (*Gruel.*)

71. Ortus medicinæ; id est initia physicæ inaudita,
authore Van Helmont. *Amsterd., apud Lud. Elze-
virium,* 1652, in-4, v. ant. fil. tr. dor. (*Gruel.*)

72. Pathologiæ cerebri et nervosi generis specimen,
studio Th. Willis. *Amstel., apud Dan. Elzevi-
rium,* 1668, in-12, maroq. r. fil. tr. dor.

73. La Parfaicte et entière Cognoissance de toutes
les maladies du corps humain causées par obstruc-
tion, par Fab. Violet. *Paris, Pierre Billaine,*
1635, in-8, maroq. br. fil. plats ornés, tr. dor.
(*Cuzin.*)

Bel exemplaire.

74. Essai historique et littéraire sur la médecine
des Arabes, par P.-J. Amoreux, médecin de Montpellier. *Montpellier, s. d.,* in-8, demi-rel. maroq.
rouge, tête dor. n. rog.

75. Les Causes de la veille et du sommeil, des son-
ges, de la vie et de la mort, par Scipion Du Pleix.
Paris, Laurent Sonnius, 1609, in-12, maroq. br.
tr. dor. (*Lortic.*)

76. Lucina sine concubitu... — Lettre adressée à la
Société royale de Londres, traduite de l'anglais
d'Abraham Johnson. *S. l.*, 1750, in-8, demi-rel. v.
ant. n. rog.

77. La Nymphomanie, ou Traité de la fureur uté-
rine, par de Bienville. *Amsterd., Rey,* 1771, in-8,
relié.

78. Mémoires authentiques d'une sage-femme, par
Alexandrine Jullemier. *Paris,* 1835, 2 vol. in-8,
drel. v. f. n. rogn.

79. Lavater. L'Art de connaître les hommes par la
physionomie. *Paris,* 1806, 10 vol. in-4, figures
cartonnées, n. rogn.

80. La Phrénologie, le Geste et la Physionomie,
démontrés par 120 portraits, sujets et compositions gravés sur acier, par H. Bruyères. *Paris,*
Aubert, 1847, gr. in-8, demi-rel. maroq. citr., tr.
sup. dor. n. rogn.

81. Les Douze Clefs de philosophie de frère Basile
Valentin, religieux de l'ordre de Saint-Benoît,
traitant de la vraye médecine métallique, plus l'a-
soth, ou le moyen de faire l'or caché des philosophes, traduction françoise. *Paris, chez Pierre*
Moet, 1660, 3 part. en 1 vol. in-12, chagr. brun.
(*Mauvaise reliure moderne, fatiguée.*)

82. Histoire de la magie, du monde surnaturel et de
la fatalité à travers les temps et les peuples, par
P. Christian. *Paris, Furne et Jouvet, s. d.,* gr.
in-8, br. n. coup.
Un des 16 exemplaires sur PAPIER DE CHINE.

3. ARTS INDUSTRIELS. ARTS DIVERS.

83. HISTOIRE DES ARTS INDUSTRIELS au moyen âge et à l'époque de la renaissance, par Jules Labarte. *Paris, A. Morel,* 1864, 4 vol. — Album 2 vol., ens. 6 vol. in-4, demi-rel. maroq. rouge, avec coins, tête dor. n. rog.

Rare, tiré à cent exemplaires sur ce papier.

84. Les Industriels, métiers et professions en France, par Emile de la Bédollière. *Paris,* 1842, 2 vol. gr. in-8, demi-rel.

Avec 110 dessins par H. Monnier.

85. Les Brocs à cidre en faïence de Rouen, étude de céramique normande, par Raymond Bordeaux. *Caen,* 1869, in-4, br. (4 planches en coul.)

86. Recherches historiques sur les manufactures de faïence et de porcelaine de l'arrondissement de Valenciennes, par le Dr Alfred Lejeal. *Valenciennes,* 1868, gr. in-8, pap. de Holl. demi-rel. maroq. v. avec coins, tr. sup. dor. n. rogn.

Imprimé à Lyon par Perrin.

87. Champfleury. Histoire des faïences patriotiques sous la Révolution. *Paris, Dentu,* 1867, gr. in-8, demi-rel. mar. tr. sup. dor. n. rogn. figures.

88. Céramique révolutionnaire. — L'Assiette dite à la guillotine, par Gustave Gouellain, avec une planche en couleur. *Paris, Jouaust,* 1872, br. in-8 carré.

Exemplaire tiré en rouge.

89. L'Art dans la parure et dans le vêtement, par M. Ch. Blanc. *Paris, M. Loones,* 1875, gr. in-8, br. n. coup. figures int. dans le texte.

Exemplaire en GRAND PAPIER VÉLIN.

90. Traité de la vénerie, par feu M. Budé, traduit du latin par Louys le Roy, dict Regius, publié

pour la première fois par Henri Chevreul. *Paris, Aug. Aubry*, 1861, in-8, demi-rel. mar. avec coins, n. rogn. (*Capé.*)

Exemplaire sur PAPIER CHAMOIS.

91. La Vénerie, par Jacques du Fouilloux. *Angers*, 1844, gr. in-8, pap. vélin, fig. demi-rel. mar. r. tr. sup. dorée. (*Amand.*)

92. La Vénerie de Jacques du Fouilloux. *Niort*, 1864, in-4, demi-rel.

93. La Chasse royale, composée par le roy Charles IX, nouvelle édition, précédée d'une introduction par Henri Chevreul. *Paris, Aug. Aubry*, 1858, in-12, demi-rel. maroq. vert, avec coins, tête dor. n. rog. (*Amand.*)

94. Grand Dictionnaire de cuisine, par Alexandre Dumas. *Paris, Alph. Lemerre*, 1873, fort vol. gr. in-8, br. n. c., 2 portraits gravés à l'eau-forte.

Un des 5 exemplaires sur PAPIER DE CHINE.

95. Brillat-Savarin. Physiologie du goût, précédée d'une notice, par Alph. Karr, dessins de Bertall. *Paris, Furne*, 1864, gr. in-8, br. n. coup.

Exemplaire sur PAPIER FORT TEINTÉ.

BEAUX-ARTS.

96. GAZETTE DES BEAUX-ARTS. Courrier de l'Art et de la Curiosité. *Paris*, 1859, 4 tomes en 2 vol. in-4, drel.

Première année, devenue rare.

97. Les Collectionneurs de l'ancienne Rome. (Notes d'un amateur.) *Paris, Aubry*, 1867, in-12, demi-rel. mar. citr. avec coins, n. rog.

Exemplaire sur PAPIER JONQUILLE.

98. L'Art moderne, par Théophile Gautier. *Paris, Mich. Lévy fr.*, 1856, in-12, br. n. coup.

99. Grammaire des arts du dessin, architecture, sculpture, peinture, par M. Ch. Blanc. *Paris, V° J. Renouard,* 1870, in-4, br. n. rog.

Exemplaire en GRAND PAPIER DE HOLLANDE.

100. L'Art du dessin chez les Grecs, ou Méthode élémentaire du dessin, par le chevalier de Brunel de Varennes. *Paris, chez L. Colas,* 1816, in-8, maroq. vert doublé de tabis rose, dent. tr. dor.

Exemplaire aux armes du DUC D'ANGOULÊME.

101. Dictionnaire des monogrammes, chiffres, lettres initiales, logogriphes, rébus, etc., sous lesquels les plus célèbres peintres, graveurs et dessinateurs ont déguisé leurs noms, traduit de l'allemand de M. Christ. *Paris, Michel Lambert,* 1754, in-8, planches. v. antiq. marbr.

102. Goncourt (Edmond et Jules de). L'Art au dix-huitième siècle. *Paris, Dentu,* 1861-1871, 7 cahiers in-4 br.

Debucourt, Chardin, Fragonard, La Tour, les vignettistes, 2 parties; notules, additions, errata.

103. Album de l'exposition rétrospective des beaux-arts de Tours (mai 1873). *Tours, Georges Joubert,* in-fol. cartonné. *Photographies.*

104. Traité complet de la peinture, par M. Paillot de Montabert. *Paris, J.-F. Delion,* 1829-1851, 9 vol. in-8 et atlas in-4 de planches, demi-rel. maroq. rouge, tête dor. n. rog.

105. LES CHEFS-D'OEUVRE de la peinture italienne, par Paul Mantz, ouvrage contenant 20 planches chromolithographiques exécutées par Kellerhoven et 30 planches gravées sur bois. *Paris, Didot,* 1870, in-fol. cart. n. rogné.

Édition tirée à 270 exemplaires sur papier à la forme.

106. L'Œuvre de Rembrandt, décrit et commenté
par M. Charles Blanc, catalogue raisonné de toutes
les estampes du maître et de ses peintures, orné
de bois gravés, de quarante eaux-fortes et de
trente-cinq héliogravures d'Amand Durand. *Paris,
A. Lévy*, 1873, 2 vol. gr. in-4, papier de Holl.
br. n. coup. couv. en vél. blanc, avec titre or.

107. Les Émaux de Petitot du musée du Louvre. —
Portraits de personnages historiques et de femmes célèbres du siècle de Louis XIV gravés au
burin par M. L. Ceroni. *Paris, Blaisot*, 1862-
1864, 2 vol. in-4, demi-rel. avec coins de maroq.
rouge, dos orné, fil. tête dor. n. rog. (*Galette.*)

108. Les Peintres des fêtes galantes, par Charles
Blanc. *Paris, Jules Renouard*, 1854, in-16, vignettes, vol. mar. r. tr. sup. dorée. (*Amand.*)

109. Correspondance de Henri Regnault, recueillie
et annotée par M. Arth. Duparc. *Paris, Charpentier*, 1772, in-12, br. n. coup. (portrait gravé
à l'eau-forte).

Exemplaire en GRAND PAPIER DE HOLLANDE.

110. Le Paysagiste aux champs. *Paris, Ach. Faure*,
gr. in-8, demi-rel. mar. v. avec coins, tête dor.
n. rogné.

12 eaux-fortes par Corot, Daubigny, Pequenot, etc.

111. Goya, par Ch. Yriarte, sa biographie, les fres-
ques, les tapisseries, les eaux-fortes et le catalogue de l'œuvre, avec cinquante planches inédites.
Paris, H. Plon, 1867.

Exemplaire en GRAND PAPIER VÉLIN.

112. Les Dix Livres d'architecture de Vitruve, cor-
rigez et traduitz nouvellement en françois, avec
des notes et des figures, par M. Perrault, de l'A-
cadémie royale des sciences. *A Paris, chez
J.-Bapt. Coignard*, 1684, in-fol. bas.

113. Les Restes de l'ancienne Rome, recherchez
avec soin, mesurez, dessinez sur les lieux et gra-

vez par feu Bonaventure d'Overbeck. *La Haye,*
1763, 3 vol. in-fol. v. fig.

114. OEuvre de la diversité des termes dont on
use en architecture, réduict en ordre par Mᵉ Hu-
ges Sambin, demeurant à Dijon. *Lyon,* 1572,
in-fol. figures, vélin.

Rare. Exemplaire mouillé et piqué.

115. Description de la nouvelle église de l'hostel
royal des Invalides, avec un plan général et des
figures, par M. Félibien des Avaux. *Paris, J. Quil-
lau,* 1706, 2 parties en 1 vol. in-12, v. antiq.

116. Le Nouvel Opéra, par Ch. Nuitter, archiviste
de l'Opéra, ouvrage contenant 59 gravures sur
bois et 4 plans. *Paris, L. Hachette,* 1875, gr.
in-8, br. n. coup.

Exemplaire sur PAPIER DE CHINE.

117. Manuel de l'amateur d'estampes, par F.-E.
Joubert père. *Paris,* 1821, 3 vol. in-8, demi-rel.
v. rouge.

118. DICTIONNAIRE DES GRAVEURS anciens et modernes, par Basan. *Paris,* 1789, 2 vol. in-8, demi-rel.
bas. *Figures.*

Rare.

119. La Grande Danse macabre des hommes et des
femmes. *Troyes, Garnier, s. d.* (1728), in-4, fig.

Piqûres de vers.

120. L'Alphabet de la mort, par Hans Holbein, en-
touré de bordures du seizième siècle, publié d'a-
près les manuscrits, par Anatole de Montaiglon.
Paris, Edwin Tross, 1856, in-8, cart. n. rogné.

121. L'Alphabet de la mort de Hans Holbein, en-
touré de bordures du seizième siècle, publié d'a-
près les documents par Anatole de Montaiglon.
Paris, Edwin Tross, 1856, in-8, pap. vél. demi-
rel. mar. r. avec coins n. rogn.

122. Des Gravures en bois dans les livres d'An-
thoine Vérard (1485-1512), par Renouvier. *Paris,
Aug. Aubry,* 1859, in-8, demi-rel. mar., avec
coins.

123. Le Microcosme, contenant divers tableaux de
la vie humaine, representez en figures avec une
briève exposition en vers françois (M. Scève). *A
Amsterdam, chez Théodore Pierre, à l'enseigne
de la Presse blanche, s. l.,* in-4, vél. de Holl. front.
et planches gravées.

124. Histoire de la caricature sous la République,
l'Empire et la Restauration, par Champfleury.
Paris, E. Dentu, 1874, in-12, br. n. coup. gravures.

Exemplaire en GRAND PAPIER VÉLIN.

125. La Comédie de notre temps, études au crayon
et à la plume, par Bertall. *Paris, E. Plon,* 1874-
1875, 2 vol. in-4, br. n. coup. (illustrations).

Exemplaire en GRAND PAPIER VÉLIN.

126. La Vie hors de chez soi (comédie de notre
temps), étude au crayon et à la plume par Bertall. *Paris, E. Plon,* 1876, in-4, br. n. coup. (illustrations).

Exemplaire en grand papier vélin.

127. Rameau. Code de musique pratique. *Paris,
Impr. royale,* 1760, in-4, v.

Frontispice gravé par Fessard, d'après N. Poussin.

128. Arthur Pougin. Boieldieu, sa vie, ses œuvres,
son caractère, sa correspondance. *Paris, Charpentier,* 1875, in-12, br. n. coup.

Exemplaire sur GRAND PAPIER DE HOLLANDE, avec deux épreuves du
portrait, dont l'une sur chine volant.

129. Fertiault. Histoire anecdotique et pittoresque
de la danse chez les peuples anciens et modernes.
Paris, Aubry, 1854, in-18, demi-rel. mar. r. tr.
sup. dor. n. rogné. (*Capé.*)

BELLES-LETTRES.

I. LINGUISTIQUE.

130. Glossarium ad scriptores mediæ et infimæ latinitatis, auctore Carolo Du Fresne, domino Du Cange. *Parisiis*, 1733, 6 vol. in-fol. v.

131. De l'Enseignement de notre langue, par Ch. Marty-Lavaux. *Paris, Alph. Lemerre*, 1872, in-12, br. (*exemplaire sur chine*). — Histoire populaire du christianisme, par Leconte de Lisle. *Paris, Alph. Lemerre*, 1871, in-12, br. (*exemplaire sur papier vélin et un autre sur papier de Chine*).

132. Alfred Delvau. Dictionnaire de la langue verte, argots parisiens comparés. *Paris, E. Dentu*, 1866, fort vol. in-12, demi-rel. mar. brun, avec coins, tête dor. n. rog.

133. Dictionnaire historique, étymologique et anecdotique de l'argot parisien, par Lorédan Larchey, illustrations de J. Férat, Ryckebusch et Sahib. *Paris, F. Polo*, 1873, gr. in-4, br. n. coup.

Exemplaire en GRAND PAPIER DE HOLLANDE.

134. Le Dictionnaire universel, panthéon historique, littéraire et encyclopédique, illustré, par Maurice La Châtre. *Paris*, 1856, 2 vol. in-4, texte à 3 col. figures intercalées, demi-rel. maroq. viol. avec coins, tr. marbr. (*Trautz-Bauzonnet.*)

135. Les Deux Discours de M. Jules Janin à l'Académie française, avril 1865 — novembre 1871. *Paris, Jouaust*, 1872, in-16, br. n. coup.

Un des 15 exemplaires sur PAPIER DE CHINE.

2. POÈTES ANCIENS.

136. Homère. Iliade et Odyssée, traduction de Rochefort. *Paris,* 1772, 5 vol. gr. in-8, papier vélin v. marbr. fil. tr. dor.

Très-belle édition, ornée de nombreuses gravures d'après l'antique.

137. Homère. Iliade et Odyssée, trad. par Bitaubé. *Paris, Didot,* 1787, 12 vol. in-18, mar. v. fil. tr. dor.

138. Les Olympiques de Pindare, traduites en français, avec des remarques historiques. *Paris,* 1754, in-12, v. fauve, fil. tr. dor.

Ex libris du président Hénault.

139. Q. Horatius Flaccus. *Parisiis, in ædibus Palatinis,* 1799. *Excudebam Petrus Didot,* gr. in-fol. demi-rel. n. rogn.

Très-belle édition ornée des vignettes de Percier, gravées par Girardet.

140. Les Œuvres d'Horace, traduction nouvelle par M. Jules Janin. *Paris, L. Hachette,* 1865, in-8, mar. br. dos orné, fil. dent. int. tr. dor. (*Cuzin.*)

Exemplaire en GRAND PAPIER VÉLIN.

141. Traductieon del premié, second, quatrième et sixième livre de l'Eneido de Virgilo, par L. E. avocat de Besiés. *A Besiés, Henric Martel,* 1682, in-12, maroquin rouge, fil. tr. dor. (*Trautz-Bauzonnet.*)

Bel exemplaire d'un livre rare.

142. Métamorphoses d'Ovide en rondeaux, enrichis de figures. *Paris, de l'Imprimerie royale,* 1676, in-4, v. f. fil. tr. dor.

Frontispice de Séb. Leclerc et figures de Chauveau.

143. Les Métamorphoses d'Ovide, trad. par Villenave. *Paris,* 1806, 4 vol. in-4, br.

Figures de MOREAU.

144. Juvenalis, Persius, 1528. (A la fin:) *Excusum Lugduni per Antonium Blanchard*, 1528, pet. in-8, mar. br. tr. dor. (*Cuzin.*)

Jolie édition, imprimée en caractères italiques.

145. Claudiani Poemata. *Lugduni Batavorum, ex off. Elzeviriana*, 1650, in-12, mar. r. fil. tr. dor. (*V° Niedrée.*)

Le titre de l'ouvrage a été remplacé par celui des notes. Le mot *Notæ* a été enlevé, ce qui ne laisse aucune signification à ce titre.

146. Jean Second. Élégies, traduction nouvelle par Victor Develay. *Paris, Jouaust,* 1872, in-12, portrait, br. n. coup.

Exemplaire sur PAPIER DE CHINE, avec la reproduction du frontispice de Marillier imprimé sur la couverture.

147. Jean Second. Les Baisers, traduction nouvelle par Victor Develay. *Paris, Jouaust,* 1872, in-12 carré, br. de 5o pages, portrait gravé d'après Bern. Picart.

Exemplaire sur PAPIER DE CHINE; la reproduction du frontispice d'Eisen se trouve imprimée sur la couverture.

148. R. Rapini Eclogæ. *Lugd. Bat., ex off. Arnoldi Doude,* 1672, in-12, mar. r. fil. tr. dor. (*Petit.*)

3. POÈTES FRANÇAIS.

149. Collection de poëtes français, publ. par Coustelier. *Paris,* 1725, 12 vol. in-12, v.

150. Recueil des plus belles pièces des poëtes françois tant anciens que modernes. *Paris, Claude Barbin,* 1692, 5 vol. in-12, demi-rel.

151. Traité de l'origine des Jeux floraux de Toulouse, Lettres patentes, Brevet du Roy, Statuts pour les Jeux floraux. *Toulouse,* 1715, in-12, v. antiq.

152. Fabliaux ou contes du XIIe et du XIIIe siècle, trad. et publ. d'après divers manuscrits du temps

(par Legrand d'Aussy). *Paris, Onfroy*, 1779, 4 vol.
in-8, v. f. fil. tr. dor.

153. LA CHANSON DE ROLAND, publ. par Léon Gautier (texte, notes et variantes). *Tours, Mame*, 1872, 2 vol. gr. in-8, br.

Exemplaire en grand papier de Hollande.

154. LE ROMAN DE LA ROSE, par Guillaume de Lorris et Jean de Meung, avec variantes et glossaire. *Paris, Didot, an VII*, 5 vol. gr. in-8, demi-rel. mar. avec coins, tête dorée, n. rogn.

Exemplaire en GRAND PAPIER VÉLIN, figures avant la lettre.

155. Le Roman du Renart, publié par Méon. *Paris, Treuttel et Wurtz*, 1826. — Supplément, par Chabaille. *Paris*, 1835, ens. 5 vol. in-8, demi-rel. v. f. n. rogn. (*Petit.*)

156. Amadas et Ydoine, poëme d'aventures, publié par C. Hippeau. *Paris, Aug. Aubry*, 1863, in-12, carré, demi-rel. dos et coins de maroq. rouge, tête dor. n. rog. (*Amand.*)

157. Le Banquet des Chambrières, faict aux estuves le Jeudi Gras (en vers). *S. l. n. d.*, gr. in-8, gothique, v. f. fil. tr. dor. (*Niedrée.*)

Réimpression faite à 60 exemplaires.

158. L'Advocatie Notre-Dame, ou la vierge Marie plaidant contre le diable, poëme du xive siècle, en langue franco-normande, extrait d'un manuscrit de la bibliothèque d'Evreux, par Alph. Chassant. *Paris, Aubry*, 1855, pet. in-8, v. f. fil. tr. dor.

159. Le Girofflier aux dames, ensemble le Dit des Sibiles. *Imprimé à Paris, par Michel le Noir, s. d.*, in-4, gothique, maroquin brun, dent. intér. plats orn. (*Capé.*)

Réimpression faite par Pilinski.

160. Poésies de Charles d'Orléans, père de Louis XII et oncle de François Ier, rois de France. *A Grenoble,*

A. Girond, 1803, in-12, demi-rel. v. rouge, non rogné.

161. OEuvres de Clément Marot, par Ch. d’Héricault. *Paris, Garnier fr.*, 1867, gr. in-8, demi-rel. avec coins mar. rouge, fleurons-mosaïques, tête dor. n. rog.

Exemplaire sur GRAND PAPIER DE HOLLANDE.

162. Poésies de Pernette du Guillet, Lyonnaise. *Lyon, L. Perrin*, 1830, in-8, cart. n. rog.

Réimpression à 100 exemplaires de l’édition de *Jean de Tournes. Lyon,* 1545.

163. Rymes de gentile et vertueuse dame D. Pernette du Guillet, Lyonnaise. *Lyon, N. Scheuring*, 1864, in-12, v. fauve, tête dor. n. rog.

164. LES MARGUERITES DE LA MARGUERITE DES PRINCESSES, texte de l’édition de 1547, publié avec introduction, notes et glossaire par Fel. Frank, et accompagné de la reproduction des gravures sur bois, de l’original et d’un portrait. *Paris, Jouaust*, 1873, 4 vol. in-8, br. n. coup.

Exemplaire sur PAPIER DE CHINE.

165. Ferry, Julyot. Les Élégies de la belle fille lamentant sa virginité perdue, avec une introduction et des notes par E. Courbet. *Paris, Alph. Lemerre éditeur, Jouaust impr.*, 1868, in-12, mar. citron, dos orné, fil. dent. int. tr. dor. dans un étui. (*Cuzin.*)

166. Ferry, Julyot. Les Élégies de la belle fille lamentant sa virginité perdue, publiées d’après l’édition originale de 1557, avec notice, éclaircissements et index. *Paris, L. Wilhem*, 1873, in-12, carré, br. n. coup.

Exemplaire sur PAPIER DE CHINE.

167. Poésies de Jacques Tahureau, publiées par Prosper Blanchemain. *Paris, Jouaust*, 1870, 2 vol. in-12, br. n. coup.

Un des 15 exemplaires sur PAPIER DE CHINE.

168. OEuvres de Louise Labé, Lyonnaise, édition publiée par L. Boitel. *Lyon et Paris, chez Teche-ner,* 1845, in-12, maroq. rouge, dent. int. tr. dor. (*Niedrée.*)

Édition tirée à 200 exemplaires.

169. Les OEuvres poétiques d'André de Rivaudeau, gentilhomme du bas Poitou; nouvelle édition, pu-bliée et annotée par C. Mourain de Sourdeval. *Paris, Aug. Aubry,* 1859, in-12, demi-rel. avec coins maroq. rouge, fleurons, tête dor. n. rog. (*Amand.*)

170. Les Gayetez d'Olivier de Magny, texte original, avec notice par E. Courbet. *Paris, Alph. Le-merre,* 1871, in-12, br. n. coup.

Exemplaire sur PAPIER DE CHINE.

171. Les Soupirs d'Olivier de Magny, texte original, avec notice par E. Courbet. *Paris, Alph. Le-merre,* 1871, in-12, br.

Exemplaire sur PAPIER DE CHINE.

172. Poésies choisies de P. de Ronsard, publiées avec notes et index par L. Becq de Fouquières. *Paris, Charpentier,* 1873, in-12, br. n. coup.

Exemplaire en GRAND PAPIER DE HOLLANDE.

173. OEuvres de Regnier. *Paris, Jouaust,* 1867, in-8, papier vergé, demi-rel. mar. r. avec coins, tr. sup. dor. n. rogn.

174. OEuvres de Mathurin Regnier, avec notice, va riantes et glossaire par E. Courbet. *Paris, Alph. Lemerre,* 1869, pet. in-12, portrait, demi-rel. dos et coins de mar. r. tr. sup. dorée.

175. OEuvres de Mathurin Regnier, texte original, avec notice, variantes et glossaire par E. Cour-bet. *Paris, Alph. Lemerre,* 1869, in-12, br. n. coup. (front. à l'eau-forte, avec et avant la lettre).

Exemplaire sur PAPIER WHATMAN.

176. OEuvres de Mathurin Regnier, texte original, avec notice, variantes et glossaire par E. Courbet. *Paris, Alph. Lemerre,* 1869, in-12, br. n. coup. couv. en vél. blanc (front. gravé à l'eau-forte avec et avant la lettre).

Exemplaire sur PAPIER DE CHINE.

177. La Macette du sieur de l'Espine, poëme satirique, publié avec une introduction par E. Courbet. *Paris, Alph. Lemerre,* 1875, broch. in-12, carré.

Un des 10 exemplaires sur PAPIER DE CHINE.

178. Élégies de Jean Doublet, suivies des épigrammes et rimes diverses. *Paris, Jouaust,* 1871, in-12, br. n. coup.

Exemplaire sur PAPIER DE CHINE.

179. Les Bacchanales, ou loix de Bachus, prince de Nise en Arabie, tiré des Burlesques du sieur de la Garenne, réimpression, faite à Valence en 1870, de l'édition de 1657, in-12, br.

Un des 150 exemplaires sur PAPIER TEINTÉ.

180. Les Quatrains de Pibrac, suivis de ses autres poésies, avec une notice par Jules Claretie. *Paris, Alph. Lemerre,* 1874, in-12, br. n. coup.

Un des 20 exemplaires sur PAPIER DE CHINE.

181. Les Vaux de Vire de Jean le Houx, publiés avec une introduction et des notes par Arm. Gasté. *Paris, Alph. Lemerre,* 1875, in-12, br. n. coup. (portrait gravé à l'eau-forte).

Exemplaire sur PAPIER DE CHINE.

182. Les Fantaisies de Bruscambille. — Les Nouvelles et plaisantes Imaginations de Bruscambille en suite de ses fantaisies. — Le Premier Livre de la Muse folastre recherchée des plus beaux esprits de ce temps. — Le Premier Livre du Labyrinthe d'amour, ou suite des Muses folastres. — Les Neuf Matinées du seigneur de Cholière. — Le Livre de

Mathéolus, poëme français du xive siècle. *Bruxelles*,
1846-1863. — Ens. 7 vol. in-12, demi-rel. mar.
rouge avec coins, tête dor. n. rog.

Tirés à 100 exemplaires.

183. Le Cabinet satyrique, ou Recueil de vers pi-
quans et gaillards, tirés des cabinets des sieurs
de Sigognes, Regnier, Motin, Berthelot, May-
nard, etc. *Au Mont-Parnasse, de l'impr. de Messer
Apollon, l'année satyrique, s. d.,* 2 vol. in-12,
maroq. citron, mosaïq. de mar. vert avec dent.
int. tr. dor. (*Cuzin.*)

Très-bel exemplaire.

184. Satires de Dulorens, édition de 1646, contenant vingt-six satires, publiée par D. Jouaust et
précédée d'une notice littéraire par E. Villemain.
Paris, 1869, in-12, br. n. coup. c.

Exemplaire sur PAPIER DE CHINE.

185. OEuvres de maitre Adam Billaut, menuisier de
Nevers, édition soigneusement revue d'après celle
originale de 1644, ornée du portrait de l'auteur
gravé par Bovinet. *Paris, Hubert,* 1806, in-12, v.
antiq. marbr.

186. La Pucelle, ou la France délivrée, poëme, par
M. Chapelain. *Paris, Aug. Courbé,* 1656, in-fol.
planches gravées, demi-rel. bas.

187. OEuvres de Nicolas Boileau-Despréaux, avec
des éclaircissements historiques. *Amsterdam, David Mortier,* 1718, 2 vol. in-4, v. br.

Fig. de BERNARD PICART.

188. Les OEuvres de Boileau-Despréaux, avec des
éclaircissements historiques. *Paris, veuve Alix,*
1740, 2 vol. in-4, v. tr. dor.

Portrait d'après Rigaud.

189. OEuvres de Boileau, avec un nouveau commentaire par M. Amar. *A Paris, chez Lefèvre,* 1824,

4 vol. in-8 portrait, demi-rel. maroq. rouge, n.
rogné.

Exemplaire en **PAPIER VÉLIN**.

190. **OEUVRES POÉTIQUES** de Boileau. *Tours, Mame,*
1870, gr. in-8, br.

Eaux-fortes par Foulquier. **PAPIER DE HOLLANDE**.

191. **LA FONTAINE.** Fables choisies, mises en vers,
nouvelle édition gravée en taille-douce, les figures
par Fessard et le texte par Montulay. *Paris, l'Au-*
teur, 1765, 6 vol. in-8, mar. fil. tr. dor. (*Anc.*
rel.)

Très-bel exemplaire de reliure uniforme. Premier tirage.

192. Fables de la Fontaine, édition illustrée par
J. David, accompagnée d'une notice hist. et de
notes par Walckenaer. *Paris, Armand Aubrée,*
s. d., in-8, figures, demi-rel. mar. n. rogn.

Exemplaire en grand papier fort.

193. **FABLES DE LA FONTAINE**, édition illustrée par
J.-J. Grandville. *Paris, H. Fournier,* 1838, 2 vol.
in-8, ornés de 120 grands sujets gravés sur bois
et tirés sur chine, maroq. rouge, dos orné, comp.
à la Duseuil, doublé de maroq. vert avec large
dent. gardes en satin vert moiré, tr. dor. (*Amand.*)

1er tirage des gravures de **GRANDVILLE**.

194. La Fontaine. Fables choisies, mises en vers. —
Contes et nouvelles en vers, avec notices et notes,
publiés par Alph. Pauly. *Paris, Alph. Lemerre,*
1868, 4 vol. in-16, br. n. coup. couv. vél. bl.

195. **LA FONTAINE**. Fables choisies, mises en vers, et
contes et nouvelles en vers, texte original, avec
notes par Alphonse Pauly. *Paris, Alph. Lemerre,*
1868, 4 vol. in-16, portrait frontispice gravé à
l'eau-forte par Bracquemard (2 états), maroq. r.
dos pointillé à petits fers, fil. dent. int. tr. dor.
dans un étui. (*Cuzin.*

Édition devenue rare. Très-bel exemplaire.

196. FABLES DE LA FONTAINE. *Tours, Mame*, 1875, gr. in-8, broché.

Exemplaire en GRAND PAPIER DE HOLLANDE. — Cinquante gravures à l'eau-forte et un portrait par Foulquier.

197. Chefs-d'œuvre des conteurs français avant la Fontaine, avec une introduction, des notes historiques et littéraires et un index, par Ch. Louandre. *Paris, Charpentier*, 1873-1874, 3 vol. in-12, br. n. coup.

Exemplaire sur GRAND PAPIER DE HOLLANDE.

198. CONTES ET NOUVELLES en vers de M. de la Fontaine, nouvelle édition, enrichie de tailles-douces. *Amsterdam, chez H. Desbordes*, 1685, 2 vol. pet. in-8, maroq. rouge, dos orné, fil. dent. int. tr. dor. (*David.*)

Premier tirage des figures de ROMEYN DE HOOGE; exemplaire court de marges.

199. Contes et nouvelles en vers, par M. de la Fontaine. *Amsterdam, Desbordes*, 1685, 2 vol. pet. in-8, v. br.

Figures de ROMEYN DE HOOGE; seconde édition sous cette date.

200. Contes et Nouvelles en vers, par M. de la Fontaine. *Amsterdam, chez Étienne Lucas*, 1832, 2 vol. in-12, figures de Romain de Hooge en tête de chaque conte, v. antiq.

201. Contes et Nouvelles en vers de la Fontaine. *Amsterdam*, 1745, 2 vol. in-12, maroq. rouge, fleurons, fil. à comp. dent. int. tr. dor. (*Cuzin.*)

Édition ornée de vignettes gravées en tête de chaque conte.

202. LA FONTAINE. Contes et Nouvelles en vers. *Amsterdam*, 1745, 2 vol. in-8, maroquin rouge, filets, doublé de maroquin vert, large dentelle à l'oiseau, tr. dor. (*Cuzin, dorure de Wampflug.*)

Très-bel exemplaire de cette édition rare et recherchée pour ses jolies figures en tête de chaque conte.

203. Contes et Nouvelles en vers, par **M.** de la
Fontaine. *Amsterdam,* 1762, 2 vol. in-8, v. éc.
fil. tr. dor. (*Anc. rel.*)

Bonnes épreuves.

204. La Fontaine. — Contes et Nouvelles en vers,
texte original, avec notes par Alph. Pauly. *Paris,
Alph. Lemerre,* 1868, 2 vol. in-16, br. n. coup.
couv. en vél. blanc.

Exemplaire sur PAPIER DE CHINE.

205. Les Œuvres posthumes de M. de la Fontaine.
Lyon, 1696, in-12, v. br.

Réimpression de l'édition de Paris sous la même date.

206. Adonis, poëme, par Jean de la Fontaine.
Paris, Didot ainé, s. d., in-16, mar. vert, fil. tr.
dor.

207. Poëme du Quinquina et autres ouvrages en
vers, par M. de la Fontaine. *Paris, Denis Thierry
et Claude Barbin,* 1682, in-12, mar. v, fil. tr.
dor. (*Cuzin.*)

Bel exemplaire. Édition originale de ces divers ouvrages.

208. Poésies diverses attribuées à Molière, ou pou-
vant lui être attribuées, recueillies et publiées par
Paul Lacroix. *Paris, Alph. Lemerre,* 1869, in-12,
br. n. coup.

Exemplaire sur PAPIER DE CHINE.

209. La Puce de Mme Desroches, publiée par D.
Jouaust. *Paris,* 1868, in-12, br. n. coup.

Exemplaire sur PAPIER DE CHINE.

210. Les Poésies diverses de monsieur Gilbert, se-
crétaire des commendemens de la Reyne de
Suède. *A Paris, chez Guill. de Luynes,* 1661, pet.
in-12, v. antiq.

211. Poésies galantes et héroïques du Sr Tristan
l'Hermite. *Paris, Loyson,* 1662, in-4, v. fr. grav.
et figures.

212. Lettre en vers sur les mariages de Mlle de
Rohan avec M. de Chabot, de Mlle de Rambouillet
avec M. de Montausier et de Mlle de Brissac avec
Sabatier (1645). *Paris, Aug. Aubry*, 1862, in-12,
demi-rel. maroq. bleu, avec coins, tête dor. n.
rog. (*Amand.*)

213. Poésies d'Anne de Rohan-Soubise et Lettres
d'Éléonore de Rohan-Montbazon, publiées avec
notes et introduction. *Paris, Aug. Aubry*, 1862,
in-12, demi-rel. maroq. bleu, avec coins, tête dor.
n. rog. (*Amand.*)

Tiré à petit nombre.

214. Recueil de quelques pièces nouvelles et galantes, tant en prose qu'en vers. *A Cologne, chez
Pierre du Marteau*, 1664, pet. in-12, v. fauve,
dent. int. tr. dor. (*Petit, success. de Simier.*)

215. Pièces galantes, contenant : Enguerrand de
Marigny, nouvelle. La Trahison est légitime en
amour, nouvelle véritable. Le Prosarite, ou l'En-
nemy de la vertu, fragment de comédie, et quelques Lettres en prose et en vers. *A Paris, chez
Jean Ribou*, 1676, in-12, mar. rouge, dos orné,
fil. dent. int. tr. dor. (*Capé.*)

216. Recueil de pièces choisies, tant en prose
qu'en vers. *La Haye*, 1714, 2 vol. in-12, v. br.

Voyage de Chapelle. — Poésies d'Aceilly. — Relation des campagnes de
Rocroi et de Fribourg. — Les Visionnaires.

217. La Chasse, poëme, par Charles Perrault. *Paris,
Aug. Aubry*, 1862, in-8, demi-rel. mar. v. avec
coins, tr. sup. dor. (*Capé.*)

Tiré à petit nombre.

218. Poésies diverses du sieur Furetière. *A Paris,
chez Guillaume de Luynes*, 1655, in-4, front. gr.
maroq. rouge, fil. à comp. dent. int. tr. dor.
(*Gruel.*)

219. Poésies de Benserade, publiées par Octave Uzanne. *Paris, Jouaust,* 1875, in-12, br. couv. vél.

Un des 15 exemplaires sur PAPIER DE CHINE.
Frontispice gravé à l'eau-forte par Lalauze.

220. Poésies de madame Deshoulières. *A Paris, chez la veuve de Sébastien Mabre-Cramoisy,* 1688, in-8, maroq. bleu, dos orné, fil. à comp. dent. tr. dor. (*Cuzin.*)

1re édition, publiée par l'auteur. Bel exemplaire.

221. Essay de Psaumes et Cantiques mis en vers, par Mlle Chéron. *Paris,* 1694, in-8, fr. gr. (24 figures.)

222. OEuvres poétiques de J.-B. Rousseau, avec un Commentaire par M. Amar. *Paris, Lefèvre,* 1824, 2 vol. in-8, portrait, demi-rel. v. rouge, n. rog.

Exemplaire sur PAPIER VÉLIN.

223. Recueil dit de Maurepas, Pièces libres, Chansons, Epigrammes et autres Vers satiriques sur divers personnages des siècles de Louis XIV et Louis XV. *Leyde,* 1865, 6 vol. in-12, demi-rel. mar. rouge, avec coins, tête dor. n. rog.

Tiré à 116 exemplaires numérotés.

224. La Religion, poëme, par M. Racine. *A Paris, chez J.-B. Coignard,* 1742, in-8, grand papier de Hollande, front. de Cochin. maroq. citr. dent. à comp. tr. dor. (*Bozérian jeune.*)

225. Poésies de M. l'abbé de l'Attaignant. *A Londres, et se trouvent à Paris, chez Duchesne,* 1757, 4 vol. in-12, portrait, maroquin rouge, fil. tr. dor. (*Anc. rel.*)

Exemplaire de SOUBISE.

226. La Henriade de Voltaire, avec notes, par Daunou. *Paris, Baudouin,* 1828, in-8, v. f. fil. *Figures.*

227. La Pucelle d'Orléans, poëme. *A Genève (Cazin)*, 1777, in-18, portrait gravé par N. de Launay, maroq. rouge, fil. tr. dor.

228. La Pucelle d'Orléans, poëme, par Voltaire. *Paris, Leclère*, 1865, 2 vol. in-12, tirés in-8, pap. vergé, demi-rel. maroq. br. avec coins, tête dorée, n. rogn. (*Galette*).

Figures de Duplessis-Berthault. Tiré à 200 exemplaires.

229. La Pucelle d'Orléans, par Voltaire, édition ornée de figures gravées par Duplessis-Berthault. *Paris, Leclère*, 1865, 2 vol. in-8, demi-rel. maroq. rouge, avec coins, fil. tête dor. n. rog. (*Galette.*)

Édition tirée à 200 exemplaires.

230. L'Anti-Uranie, ou le Déisme comparé au Christianisme, épîtres à M. de Voltaire (par le P. Bonhomme). *Paris,* 1763, in-12, mar. v. dent. (*Anc. rel.*)

231. Blin de Sainmore. Héroïdes, ou Lettres en vers. Lettre de Biblis à Caunus son frère, précédée d'une lettre à l'auteur (*figure de Gravelot, vignette et fleuron d'Eisen*). — Lettres de Gabrielle d'Estrées à Henri IV, précédées d'une Epître à M. de Voltaire et de sa Réponse (*figure, vignette et fleuron d'Eisen*). — Lettre de Sapho à Phaon, précédée d'une Epître à Rosine (*figure de Gravelot, vignette d'Eisen et fleuron de Choffard*). — Lettre de Jean Calas à sa femme et à ses enfants (*figure, vignette et fleuron d'Eisen*). *A Paris, chez Sébastien Jarry,* 1767, 4 ouv. en 1 vol. in-8, v. éc. fil.

232. Mes Fantaisies (par Dorat). *Amsterdam, et se trouve à Paris,* 1768 (*front. remonté, vignette gravée sur le titre d'Eisen, figure de Cochin*). — Bagatelles anonymes recueillies par un amateur (C.-L.-Joseph Dorat). *Genève,* 1766 (vignette et 2 fleurons), in-8, v. antiq. marbr.

233. Les Baisers, précédés du Mois de Mai. *A la Haye, et se trouve à Paris chez Delalain,* 1770,

in-8, demi-rel. mar. v. avec coins, n. rogn. tr.
sup. dorée. (*Allô.*)

234. Les Baisers, ou collection de petits poëmes
érotiques (par Dorat). *A la Haye, et se trouve à
Paris chez Sébastien Jarry*, 1770, in-8, front.
d'Eisen gravé par Ponce et vignettes maroq.
la Vall. jans. dent. int. tr. dor. (*Amand.*)

235. Dorat. Fables ou Allégories philosophiques. *A
la Haye, et se trouve à Paris chez Delalain*, 1772,
gr. in-8, v.

Frontispice, vignette et cul-de-lampe par Marillier. La grande planche
manque.

236. Les Sens, poëme en six chants, par M. de Ro-
zoy. *Londres*, 1767, in-8, v. éc. tr. dor. (*Anc.
rel.*)

Figures d'Eisen, gravées par de Longueil.

237. Les Saisons, poëme (par de Saint-Lambert).
Amsterdam (Paris), 1769, in-8, front. et 4 figures
de Leprince, vignettes gravées par Choffard, v.
antiq.

238. Le Jugement de Pâris, poëme en IV chants,
suivi d'OEuvres mêlées, par M. Imbert. *Amsterdam*, 1774, figure de J.-M. Moreau et vignettes
en tête de chaque chant gravées par Choffard,
in-8, demi-rel. bas.

239. L'Agriculture, poëme (par Rosset). *Paris, de
l'Imprimerie royale*, 1774, in-4, figures et vignettes de Saint-Quentin, Marillier, Louterbourg,
in-4, v. antiq. marbr.

240. L'AGRICULTURE, poëme (par Rosset). *Paris, de
l'Imprimerie royale*, 1774, in-4, v. f. fil. tr. dor.
(*Anc. rel.*)

Figures de Saint-Quentin et de Louterbourg. Bel exemplaire.

241. La Peinture, poëme en trois chants, par Le-
mierre. *Paris, Le Jay, s. d.*, in-4, v.

Figures de COCHIN.

242. Les Saisons, poëme (par Saint-Lambert). *Amsterdam*, 1775, in-8, pap. de Holl. v.

Figures de Moreau jeune et de Choffard. Bonnes épreuves. Exemplaire de M. RIGAUD.

243. Idylles, par Berquin. *Paris, Ruault*, 1775, pet. in-12, figures de MARILLIER, bas. tr. dor.

244. Les Tourterelles de Zelmis, poëme en trois chants. *S. l. n. d.*, in-8, pap. de Holl. front. et fig. d'Eisen gravés par De Longueil, cart. n. rogn.

245. Colomb dans les fers, à Ferdinand et Isabelle, épître, par le chevalier de Langeac. *Paris, Jombert,* 1782, in-8, demi-rel. *Fig. et vign. de Marillier.*

246. OEuvres choisies de Vadé. *Paris*, 1834, in-8, demi-rel. v. f. n. rogné, 8 *figures au trait.*

247. La Pipe cassée, poëme épitragipoissardihéroï-comique. *Paris, Leclère,* 1866, br. in-8 (vignettes d'après Eisen, gravées à l'eau-forte).

Exemplaire sur PAPIER DE CHINE.

248. La Pipe cassée, poëme, par Vadé. *Sur le port au bled, s. d.*, in-12, demi-rel. v. f. (*Raparlier.*)

249. La Chézonomie, ou l'Art de ch***, poëme didactique, par Ch. Rémard; édition ornée de quatre eaux-fortes par Chauvet. *Paris, Baillieu,* 1873, gr. in-8, br. n. coup.

Exemplaire sur PAPIER DE CHINE.

250. P**** et autres OEuvres libres et galantes de M. Bordes. *Paris, de l'imprimerie de Cussac, an IV*, in-12, portrait ajouté gravé par Gaucher, maroq. rouge, comp. à la Duseuil, dent. int. tr. dor. (*R. Petit.*)

251. Poëmes de Gresset. *Paris, Jouaust,* 1867, in-8, demi-rel. maroq. r. avec coins, tête dor. n. rogn.

Tiré à 100 exemplaires.

252. OEuvres poétiques de André de Chénier, avec une notice et des notes, par M. Gabriel de Ché-

nier. *Paris, Alph. Lemerre*, 1874, 3 vol. in-12, br. n. coup.

Exemplaire sur papier de Chine.

253. Le Vieux Troubadour, ou les Amours, poëme en cinq chants, de Hugues de Xentrales, traduit de la langue romaine, par M*** (poëme composé par M. Fournier de Pescay, médecin). *Paris*, 1812, in-12, papier vélin, v. f. fil. tr. dor. (*Bauzonnet.*)

Exemplaire du comte de la Bédoyère.

254. La Reliure, poëme didactique, par Lesné. *Paris*, 1820, in-8, demi-rel. v. fauve tr. marbr. (*Bauzonnet.*)

255. La Reliure, poëme didactique, par Lesné. *Paris*, 1827, gr. in-8, papier vélin, maroq. viol. dos orné, dent. à comp. tr. dor. (*Hering.*)

256. Histoire du romantisme, suivie de notices romantiques et d'une étude sur la poésie française, par Th. Gautier. *Paris, Charpentier*, 1874, in-12, br. n. coup.

Exemplaire en GRAND PAPIER DE HOLLANDE.

257. J.-G. Farcy. Reliquiæ (avec une notice sur sa vie, par Sainte-Beuve). *Paris, L. Hachette*, 1831, in-12, portrait, maroq. brun, plats semés de larmes et de marguerites, avec le portrait de l'auteur en miniature, dent. int. tête dor. n. rog. (*Amand.*)

258. IAMBES, par Auguste Barbier. *Paris, Urbain Canel*, 1832, in-8, maroq. rouge, dos orné, fil. dent. int. tr. dor. (*Gruel.*)

1re ÉDITION. Magnifique exemplaire lavé et encollé.

259. Némésis médicale illustrée, recueil de satires, par François Fabre. *Paris*, 1840, 2 vol. grand in-8, demi-rel. n. rogn.

30 vignettes dessinées par DAUMIER.

260. Émaux et Camées, par Théophile Gautier. *Paris, Eug. Didier*, 1852, in-18, papier fort, demi-rel. mar. n. rogn. tr. sup. dorée. (*Amand.*)

261. Sonnets humouristiques, par Joséphin Soulary. *Lyon, Scheuring*, 1856, in-8, demi-rel.
maroq. br. avec coins, tr. sup. dor. n. rogn.
(*Petit.*)

Édition tirée à petit nombre.

262. Les Fleurs du Mal, par Charles Baudelaire.
Paris, Poulet-Malassis et de Broise, 1857, in-12,
mar. rouge, dos orné, fil. dent. int. tr. dor. (*Cuzin.*)

A cet exemplaire est ajouté un portrait gravé à l'eau-forte par Em. Roy,
un frontispice gravé à l'eau-forte sur chine, un deuxième portrait dessiné
par Baudelaire, un troisième d'après Courbet, et deux autres gravés par
Manet.

263. Les Fleurs du Mal, par Ch. Baudelaire. *Paris,
Poulet-Malassis*, 1875, in-8, portrait à l'eau-forte
sur chine, maroq. rouge, dos orné, fil. à comp.
dent. tête dor. n. rog. (*Amand.*)

Envoi et lettre autographe signés de l'auteur. Très-bel exemplaire.

264. DE CHEVIGNÉ. Les Contes rémois, dessins de
Meissonier (sixième édition.) *Paris, Michel Lévy*,
1864, in-12, maroq. rouge, fil. tr. dor. (*Amand.*)

Exemplaire sur papier rose.

265. OEUVRES COMPLÈTES DE ALFRED DE
MUSSET, avec lettres inédites, variantes, notes,
index, fac–simile, etc., ornées de 28 dessins, de
M. Bida, et d'un portrait. *Paris, Charpentier*,
1866, 10 vol. in-4, maroq. rouge, dos orné, fil.
dent. int. tr. dor. (*Cuzin.*)

Exemplaire en GRAND PAPIER DE HOLLANDE.

266. ALFRED DELVAU. Les Sonneurs de sonnets,
1540-1866. *Paris, Bachelin-Deflorenne*, 1867,
in-8, cart. n. coup.

Exemplaire sur PEAU DE VÉLIN.

267. Les Charmeuses, par André Lemoyne. *Paris,
Didot, s. d.*, gr. in-8, demi-rel. mar. bl. avec
coins tête dorée, n. rog. (*Galette.*)

Eaux-fortes de Bellée, Feyen-Perrin et Ed. Lecomte. Rare.

268. Les Diables bleus, nouvelles poésies, par José-

phin Soulary. *Paris, Alph. Lemerre*, 1870, in-12 carré, br. n. coup.

Exemplaire sur PAPIER DE CHINE.

269. Ch. Monselet. Les Créanciers, œuvre de vengeance, avec une cruelle eau-forte d'Emile Benassit. *Paris, R. Pincebourde*, 1870, gr. in-8, br. couv. vélin.

Un des 20 exemplaires sur PAPIER DE CHINE, avec les trois états de l'eau-forte.

270. Ch. Monselet. Les Créanciers, œuvre de vengeance, avec une cruelle eau-forte d'Emile Benassit. *Paris, R. Pincebourde,* 1870, gr. in-8 carré, jolie demi-rel. dos et coins de maroq. rouge, fil. tête dor. n. rog. (*Cuzin.*)

Un des 25 exemplaires tirés sur PAPIER TIMBRÉ, avec les trois états de l'eau-forte (couv. imprimée).

271. Poésies de François Coppée, 1864-1869. *Paris, Alph. Lemerre*, 1870, in-12, br. n. coup. portrait gravé à l'eau-forte.

Exemplaire sur PAPIER WHATMAN.

272. Coppée (Fr.). Poésies, 1864-1874. — Théâtre, 1869-1872. *Paris, Alph. Lemerre*, 1870-1875, ens. 3 vol. in-12, br. n. coup. portrait gravé à l'eau-forte.

Exemplaire sur PAPIER DE CHINE.

273. Coppée (Fr.). Une Idylle pendant le siége. — Les Humbles. — L'Abandonnée, drame. *Paris, Alph. Lemerre,* 1871-72-74, ens. 3 vol. in-12, br. n. coup.

Exemplaire sur PAPIER DE CHINE.

274. Le Parnasse contemporain, recueil de vers nouveaux (2e série, 1869-71.) *Paris, Alph. Lemerre*, 1871, in-8, br.

Exemplaire sur PAPIER DE CHINE.

275. Poésies de André Lemoyne, 1875-1870. *Paris, Alph. Lemerre*, 1871, in-12, br. n. coup. (portrait gravé à l'eau-forte, noire et bistre).

Exemplaire sur PAPIER DE CHINE.

276. Les Contes rémois, par le comte de Chevigné. *Paris, Jouaust,* 1871, in-16, br.

Exemplaire sur PAPIER DE CHINE.

277. Émile Deschamps. Poésies. *Paris, Alph. Lemerre,* 1872, 2 vol. in-12, br. n. coup.

Exemplaire sur PAPIER DE CHINE.

278. Albert Glatigny. Le Fer rouge, s. l., 1871, gr. in-8, br.

Exemplaire sur GRAND PAPIER DE HOLLANDE, avec deux frontispices gravés à l'eau-forte (deux états).

279. Gilles et Pasquin, par Albert Glatigny. *Paris, Alph. Lemerre,* 1872, in-12, br. n. coup.

Exemplaire sur PAPIER DE CHINE.

280. Les Tyrtéennes (par Hugelmann.) *Paris, Alph. Lemerre,* 1871, in-16, br. n. coup. (Eau-forte.)

Exemplaire sur PAPIER DE CHINE.

281. RECUEIL DE PIÈCES rares et facétieuses, anciennes et modernes, en vers et en prose, remises en lumière avec le concours d'un bibliophile. *Paris,* 1872-73, 4 vol. in-8, br. n. coup.

Exemplaire sur PAPIER DE CHINE.

282. Victor Hugo. L'Année terrible. *Paris, Michel Lévy frères,* 1872, gr. in-8, n. coup.

Exemplaire sur PAPIER DE CHINE.

283. Victor Hugo. L'Année terrible, illustrations de L. Flameng et D. Vierge. *Paris, Michel Lévy frères,* 1874, in-4 br.

Exemplaire sur PAPIER DE CHINE.

284. Poésies de Théodore de Banville. *Paris, Alph. Lemerre,* 1872-73-74 et 1875, ens. 6 vol. in-12, br. n. coup. portrait et frontispice gravés à l'eau-forte.

Exemplaire sur PAPIER DE CHINE.

285. Théodore de Banville. Trente-six Ballades joyeuses, précédées d'une Histoire de la ballade, par Ch. Asselineau. *Paris, Alph. Lemerre*, 1873, in-12 br.

286. OEuvres poétiques de Joséphin Soulary (1847-1871). *Paris, Alph. Lemerre*, 1872, 2 vol. in-12, br. n. coup. portraits gravés à l'eau-forte.

Exemplaire sur PAPIER DE CHINE.

287. Poésies de Sully-Prudhomme (1865-1872). *Paris, Alph. Lemerre*, 1872, 2 vol. in-12, br. n. coup. (portrait gravé à l'eau-forte, 2 états).

Exemplaire sur PAPIER DE CHINE.

288. Leconte de Lisle. Poëmes barbares. *Paris, Alph. Lemerre*, 1872, in-8, br. n. coup.

Un des 10 exemplaires sur PAPIER DE CHINE.

289. Le Parnassiculet contemporain, recueil de vers nouveaux, précédé de l'Hôtel du Dragon-Bleu. *Paris, J. Lemer*, 1872, in-12, br.

Exemplaire sur PAPIER DE CHINE, avec trois épreuves sur chine de l'eau-forte, tirées en noir, en rouge et en bistre.

290. Eaux-fortes et Rêves creux, sonnets excentriques et poëmes étranges, par Antoine Monnier. *Paris, L. Willem*, 1873, in-4, br. n. rog.

Exemplaire sur PAPIER DE CHINE.

291. Le Tombeau de Théophile Gautier. *Paris, Alph. Lemerre*, 1873, in-4, br. couv. vélin (portrait à l'eau-forte).

Un des 20 exemplaires sur PAPIER DE CHINE.

292. Brizeux (Auguste). OEuvres. *Paris, Alph. Lemerre*, 1874-75, ens. 4 vol. in-12, br. n. coup. 2 portraits gravés à l'eau-forte et tirés en rouge et en noir.

Exemplaire sur PAPIER DE CHINE.

293. Maurice Bouchor. Les Chansons joyeuses, poésies. *Paris, Charpentier*, 1874, in-18, br. n. coup.

Exemplaire sur GRAND PAPIER DE HOLLANDE.

294. Le Livre des sonnets, dix dizaines de sonnets choisis. *Paris, Alph. Lemerre*, 1874, in-12, br. n. coup. texte enc. de fil. rouges.

Exemplaire sur GRAND PAPIER DE CHINE.

295. Le Livre des sonnets, quatorze dizaines de sonnets choisis. *Paris, Alph. Lemerre*, 1875, in-12, br. n. coup. frontispice gravé à l'eau-forte (avant et avec la lettre).

Exemplaire sur PAPIER DE CHINE.

296. Le Livre des ballades, soixante ballades choisies (avec une Histoire de la Ballade, par Ch. Asselineau). *Paris, Alph. Lemerre*, 1876, in-12, br. n. coup.

Exemplaire sur PAPIER DE CHINE, texte encadré de filets rouges.

---

297. Anthologie française, ou Chansons choisies depuis le xiiie siècle, jusqu'à présent, 1765, 3 vol. Choix de chansons joyeuses, *s. d.* Ensemble 4 vol. in-8, v.

Le dernier volume est plus grand de marges.

298. Recueil complet des chansons de Collé. *A Hambourg et à Paris*, 1807, 2 tomes en 1 vol. in-16, maroq. rouge, dos orné, comp. à la Duseuil, dent. int. tr. dor. (*Cuzin.*)

299. CHANTS ET CHANSONS POPULAIRES DE LA FRANCE. *Paris, H. Delloye*, 1843, 3 vol. gr. in-8, figures gravées sur acier, demi-rel. maroq. vert.

---

300. Les Saisons, poëme, traduit de l'anglais de Thompson. *Paris, Didot*, 1796, in-8, cuir de Russie, fil. tr. dor.

Figures de Lebarbier avant la lettre.

301. Les Saisons, poëme, traduit de l'anglais, de Thompson. *S. l. n. d.* (*Cuzin.*) In-18, front. et 4 figures gravées, maroq. rouge, fil. tr. dor. (*Anc. rel.*)

302. Musarion, ou la Philosophie des Grâces, poëme en trois chants, par Wieland. *Basle,* 1780, in-8, bas. fig. de Saint-Quentin.

303. Poésie per le nozze di L. Zeno ed Elena Grimani, 1765. — Componimenti poetici al signor Pisani ed al signor Manin, *s. d.* Ensemble 3 vol. in-fol. v. et mar.

Textes encadrés, frontispices gravés. Ornements dans le style Louis XV.

304. Scherzi poetici pittorici. *Roma,* 1794, in-4, *figures au trait,* demi-rel. bas.

305. La Guzla, ou choix de poésies illyriques, recueillies dans la Dalmatie, la Bosnie, la Croatie et l'Herzégovine. *Paris, Levrault,* 1827, in-12, demi-rel. maroq. r. tr. sup. dorée.

4. THÉATRE.

306. Leconte de Lisle. Eschyle, traduction nouvelle. *Paris, Alph. Lemerre,* 1872, gr. in-8, br. n coup.

Un des 10 exemplaires sur PAPIER DE CHINE.

307. P. Terentii Afri comœdiæ sex, cum intepretatione Donati et Calphurnii, curavit Westerhovius. *Hagæ Comitum,* 1732, 2 vol. in-8, maroq. rouge, dent. tr. dor. (*Bozérian.*)

308. Le Théâtre de P. Corneille, revu et corrigé par l'autheur. *Imprimé à Rouen et se vend à Paris chez L. Billaine,* 1664, 2 vol. in-fol. cartonnés.

Quelques piqûres au tome II.

309. OEuvres de P. Corneille, avec le Commentaire de Voltaire sur les pièces de théâtre, publié par Palissot. *A Paris, de l'imprimerie de P. Didot l'aîné,* 1801, 12 vol. in-8, portrait gr. d'après Saint-Aubin, et figures de Gravelot remontées et

ajoutées, maroq. rouge, dos orné, fil. à comp.
dent. int. tr. dor. (*Amand.*)

Exemplaire lavé et encollé, contenant la dédicace au premier consul.

310. OEuvres de P. Corneille. Théâtre complet,
précédé de la vie de l'auteur, par Fontenelle,
édition ornée du portrait en pied colorié du prin-
cipal personnage des pièces. *Paris, A. Laplace,*
1869, in-4, demi-rel. maroq. rouge avec coins,
fleurons, tête dor. n. rog.

Exemplaire sur PAPIER DE HOLLANDE.

311. ANDROMÈDE, tragédie (par Corneille). *Sur la
copie imprimée à Rouen, chez Laurens Maurry,
1652, se vend à Paris, chez Charles de Sercy, au
Palais,* in-12, maroq. rouge, tr. dor. (*Rel. mod.*)

Deuxième contrefaçon de l'édition originale (*Picot, Bibl. Corn.*, 345). Taches et raccommodages.

312. OEUVRES DE RACINE. *Paris,* 1760, 3 vol. in-4,
marbr. tr. dor.

Portrait par Daullé et gravures de Sève.

313. OEUVRES DE RACINE. *Paris,* 1760, 3 vol. in-4,
v. marbr.

Portrait gravé par Daullé et figures de Sève.

314. OEuvres complètes de Jean Racine. *A Paris,
de l'imprimerie de Crapelet,* 1811, 4 vol. in-8,
avec la suite des gravures de Moreau le jeune,
l'eau-forte avant la lettre et avec la lettre, 2 états
du portrait, maroq. rouge, dent. tr. dor. (*Anc.
reliure.*)

Exemplaire sur PAPIER VÉLIN.

315. OEuvres de Jean Racine, précédées des Mémoires sur sa vie, par *L. Racine,* nouvelle édition
ornée du portrait en pied colorié des principaux
personnages de chaque pièce. *Paris, Laplace et
Sanchez,* 1870, gr. in-8, demi-rel. maroq. rouge,
avec coins, dos orné, fil. tête dor. n. rog. (*Galette.*)

Exemplaire sur PAPIER DE HOLLANDE.

316. Les OEuvres de Jean Racine, texte original
avec variantes, notice par Anatole France. *Paris,
Alph. Lemerre*, 1875, 5 vol. in-16, br. n. couv.
vélin, front. à l'eau-forte, 2 états.

Exemplaire sur PAPIER DE CHINE.

317. Esther et Athalie, tragédies tirées de l'Écriture
sainte, par Racine. *Paris, de l'imprimerie de
Prault*, 1737, 2 ouvr. en 1 vol. in-12, v. antiq.
fil. tr. dor.

318. Les OEuvres de Molière. *Paris, Denys Thierry,
Claude Barbin et Trabouillet*, 1697, 8 vol. in-12,
gravures, v. ant.

319. OEuvres de Molière, nouvelle édition, augmentée de la Vie de l'auteur et de remarques par
Voltaire. *Amst. et Leipzig, chez Arkstée et Merkus*,
1765, 6 vol. pet. in-12, demi-rel. mar. n. rog.

Bonnes épreuves des figures de Punt.

320. OEuvres de Molière, avec un commentaire
par Auger. *Paris, Desoer*, 1819-25, 9 vol. in-8, v.
viol. tr. dor. *figures d'Horace Vernet et Desenne*.

321. OEUVRES DE MOLIÈRE, nouvelle édition. *Paris*,
1734, 6 vol. in-4, v. marbr. fil. tr. dor. (*Anc. rel.*)

Figures de Boucher. Seconde édition sous cette date.

322. OEuvres de Molière, précédées d'une notice
par Sainte-Beuve. *Paris, Paulin*, 1835, 2 vol. gr.
in-8, demi-rel.

Vignettes par Tony Johannot.

323. THÉATRE DE MOLIÈRE, édition collationnée sur
les textes originaux. *Lyon, Scheuring*, 1864-1870,
8 vol. in-8, br.

Gravures à l'eau-forte par Fr. Hillemacher. La cérémonie du Malade imaginaire est jointe à l'exemplaire.

324. LE THÉATRE DE JEAN-BAPTISTE POQUELIN DE
MOLIÈRE, orné de vignettes gravées à l'eau-forte,
d'après les compositions de différents artistes, par
Frédéric Hillemacher. *Lyon, N. Scheuring*, 1864-

1870, 8 vol. in-8, maroq. rouge, fil. dent. tr. dor. (*Amand.*)

325. Les OEuvres de Molière, avec notes et variantes, par Alph. Pauly. *Paris, Alph. Lemerre,* 1872-1874, 8 vol. in-16, br. n. coup. couv. vélin, (Portrait de Molière gravé à l'eau-forte avant et avec la lettre.)

Exemplaire sur PAPIER DE CHINE.

326. Molière. Les Précieuses ridicules. — Sganarelle, ou le Cocu imaginaire. — L'Estourdy. — Dépit amoureux. — L'École des femmes, et la Critique. — L'Amour médecin. *Paris, Jouaust,* 1867-1876, ens. 7 vol. in-12, br. n. coup. couv. en vél. blanc avec titre dor.

Réimpression textuelle des éditions originales des pièces de Molière, publiée par M. Louis Lacour. Exemplaires sur PAPIER DE CHINE.

327. MOLIÈRE. Suite des 35 planches gravées à l'eau-forte, dans un carton.

Épreuves sur chine et avant la lettre.

328. Notes historiques sur la vie de Molière, par A. Bazin. *Paris, Techener,* 1851, in-12, demi-rel. maroq. rouge, avec coins, tête dor. n. rog. (*Amand.*)

329. Molière, sa vie et ses œuvres, par Jules Claretie. *Paris, Alph. Lemerre,* 1873, in-16, br. n. coup.

Exemplaire sur PAPIER DE CHINE.

329 *bis*. Galerie historique des portraits des comédiens de la troupe de Molière, gravés à l'eau-forte par Hillemacher (seconde édition). *Lyon, Nicolas Scheuring,* 1869, in-fol. br. portraits.

330. OEuvres de Regnard, *Paris, Maradan,* 1790, 4 vol. in-8, portrait et figures, v. ant. fil. tr. dor.

331. OEuvres dramatiques de Néricault-Destouches. *Paris, Impr. roy.,* 1757, 4 vol. in-4, v. marbr. fil. tr. dor.

332. Le Saint déniché, ou la Banqueroute des mar-
chands de miracles, comédie (par le P. Bougeant).
La Haye, 1732, in-12, maroq. blanc, tr. dor.
(*Amand.*)

333. OEuvres de M. de Crébillon. *Paris, de l'Imprimerie royale*, 1750, 2 vol. in-4, frontispice d'a-
près Boucher, v. m. fil. tr. dor.

334. La Métromanie, ou le Poëte, comédie en vers
et en cinq actes, par M. Piron. *Paris, Le Breton*,
1738, in-8, demi-rel. maroq. citr. n. rogn. tr.
sup. dorée.

Édition originale. Bel exemplaire.

335. Les Philosophes, comédie, par M. Palissot de
Montenoy. *Paris, Duchesne*, 1760, in-12, demi-rel.
v. fauve, tête dor. n. rog.

336. Ballets, opéras et autres ouvrages lyriques par
ordre chronologique depuis leur origine, avec une
table alphabétique des ouvrages et des auteurs.
Paris, chez Cl.-J.-Baptiste Bauche, 1760, in-8,
v. antiq. tr. marbr.

337. Théâtre de Beaumarchais, avec une notice et
des notes par Ch. Beauquier. *Paris, Alph. Lemerre*, 1872, 2 vol. in-12, br. n. coup. portrait
gravé à l'eau-forte.

Exemplaire sur PAPIER DE CHIN .

338. La Popularité, comédie, par Casimir Delavi-
gne. *Paris, H. Delloye*, 1839, gr. in-8, demi-rel.
avec coins, dos orné, fil. tête dor. n. rog. (*Cuzin.*)
Troisième édition.

339. Ruy-Blas, drame, par Victor Hugo. *Paris,
Mich. Lévy frères*, 1872, gr. in-8, br. n. coup.
figure gravée à l'eau-forte.
Exemplaire sur PAPIER DE CHINE.

340. Marion de Lorme, par Victor Hugo. *Paris,
Mich. Lévy frères*, 1873, gr. in-8, br. n. coup.
front. gravé à l'eau-forte.
Exemplaire sur PAPIER DE CHINE.

341. La Comédie au boudoir, par Maurice de Po-
destat. *Paris, Lacroix*, 1868, in-12, eaux-fortes,
demi-rel. maroq. r. avec coins. (*Galette.*)

Exemplaire sur **PAPIER DE CHINE.**

342. La Dame aux camélias, par A. Dumas fils, préface par Jules Janin. *Paris, Mich. Lévy frères*,
1872, gr. in-8, br. n. coup.

Exemplaire sur **PAPIER DE CHINE.**

343. Mémoires de Céleste Mogador. *Paris, Locard-
Davi et de Vresse*, 1854, 5 vol. in-8, demi-rel.
maroq. rouge.

344. Les Tréteaux de Ch. Monselet, avec un frontispice dessiné et gravé par Bracquemond. *Paris,
Poulet-Malassis et de Broise*, 1859, in-12, maroq.
rouge, jans. dent. int. tr. dor.

---

345. L'Aminte du Tasse, pastorale imitée en vers
français, par Baour de Lormian. *Paris, s. d.,*
in-16 carré, demi-rel. mar. bl. tête dor. n. r.
Figures de Desenne.

346. Le Berger fidèle, traduction de l'italien, de
Guarini, en vers français. *Paris, chez Claude
Barbin*, 1672, in-12, frontispice et figures, mar.
lav. tr. dor. (*Amand.*)

5. ROMANS.

347. LES AMOURS PASTORALES de Daphnis et
Chloé, *s. l.*, 1718, in-12, maroq. bleu à comp.
mosaïq. doubl. de moire rose avec dentelle, tr.
dor. (*Reliure de Bozérian.*)

Bel exemplaire, grand de marges, provenant de la bibliothèque de M. Am.
Rigaud. Premières épreuves des figures du Régent, gravées par Audran.

348. Les Amours pastorales de Daphnis et Chloé
(trad. par Amyot). 1743, in-12, v. tr. dor.

Figures du Régent. La figure des *petits pieds* s'y trouve.

349. Les Amours pastorales de Daphnis et Chloé, trad. de J. Amyot. *S. l.*, 1745, in-12, copie des figures du Régent gravées par Audran, et suite de gravures par Scotin, maroq. bleu, large dentelle, tr. dor. (*Amand.*)

Exemplaire relié sur brochure, avec titre gravé portant la date de Londres, 1779.

350. Les Amours pastorales de Daphnis et Chloé (trad. de Longus, par Amyot). *S. l.*, 1745, in-12, v. tr. dor. (*Figures de Scotin.*)

351. Les Amours pastorales de Daphnis et Chloé, trad. par Jacques Amyot. *Londres*, 1779, in-4, demi-rel. v. r.

Copie des figures du Régent, encadrements ajoutés.

352. Les Amours pastorales de Daphnis et Chloé, escrites en grec par Longus, et translatées en françois par Jacques Amyot. *A Lille, chez F.-J. Lehoucq*, 1792, in-12, v. antiq. (*Figures du Régent gravées par Vidal.*)

353. Les Amours de Daphnis et Chloé, nouvelle édition, avec figures dessinées par Binet et gravées par Blanchard. *S. l.*, 1795, in-16, br.

354. Daphnis et Chloé, ou les Pastorales de Longus, traduites du grec par J. Amyot. *Paris, Leclerc*, 1863, figures d'après Prudhon, Gérard, ajoutées et gravées, maroquin brun, dent. int. tr. dor. (*Smeers.*)

355. L'Ane d'or d'Apulée, nouvelle traduction, par Maury. *Paris, Bastien*, 1822, 2 vol. in-8, br. *figures au trait.*

356. Barclaii Argenis. *Lugd. Bat., ex officina Elzeviriana*, 1627. in-12, maroquin br. fil. tr. dor. (*Lortic.*)

357. L'Éloge de la Folie, traduit du latin d'Érasme par M. Gueudeville, nouvelle édition, gravures d'Eisen. *S. l.*, 1752, in-12, v. antiq. tr. dor.

358. Aucassin et Nicolette, roman de chevalerie provençal-picard, avec introduction et traduction, par Alfred Delvau. *Paris, Bachelin-Deflorenne,* 1866, in-8, demi-rel. mar. avec coins.

Impression gothique tirée à 150 exemplaires.

359. Listoyre de Pierre de Prouëce et de la belle Maguelonne. — La Grant Danse macabre des hõmes et des fêmes. — Sensuyt le Roman de Edipus filz du roi Layus. *Paris, Silvestre,* 1845, et *Potier,* 1858. — Ens. 3 vol. in-12, v. fauve, fil. tête dor. n. rog.

360. Histoire et Cronicque du petit Jehan de Saintré et de la jeune dame des belles cousines, sans aultre nom nommer, collationnée sur les manuscrits de la Bibliothèque royale et sur les éditions du xvi° siècle. *Paris, Firm.-Didot fr.,* 1830, gr. in-8, fac-simile en coul. et lettre orn. maroq. rouge, dos orné fil. dent. int. tr. dor. (*Duru.*)

Un des 4 exemplaires avec enluminures.

---

361. Les Cent Nouvelles nouvelles. *Cologne, Pierre Gaillard,* 1803, 2 vol. in-12, demi-rel. chagr. n. rogné.

Copie des figures de Romeyn de Hooge.

362. LES DIX DIZAINES DES CENT NOUVELLES NOUVELLES, réimprimées par les soins de D. Jouaust, avec notice, notes et glossaire par M. Paul Lacroix, dessins gravés de J. Garnier. *Paris, Jouaust,* 1874, 10 parties in-8, br. n. coup.

Exemplaire en GRAND PAPIER DE CHINE, avec les gravures en double épreuve avant et avec la lettre.

363. Les OEuvres de M. François Rabelais, docteur en médecine. *A la Sphère,* 1663, 2 vol. pet. in-12, v. f.

Exemplaire très-court de marges.

364. OEuvres de maistre Francois Rabelais, publiées sous le titre de Faits et Dits du géant Gargantua et

de son fils Pantagruel. *S. l.*, 1732, 6 vol. in-8,
portrait, front. de Scotin, v. éc. fil. tr. marbr.

365. OEuvres de Fr. Rabelais. *Paris, L. Janet,* 1823,
3 vol. in-8, cart. n. rog.

366. OEuvres de Rabelais, collationnées sur les éditions originales, accompagnées d'un commentaire
nouveau, par MM. Burgaud des Marets et Rathery.
Paris, Firm.-Didot fr., 1872-73, 2 vol. in-8, br.
n. c.

Exemplaire en GRAND PAPIER DE HOLLANDE.

367. OEUVRES DE RABELAIS, texte collationné
sur les éditions originales, avec des notes et un
glossaire, illustrations par Gustave Doré. *Paris,
Garnier frères,* 1873, 2 t. en 1 vol. in-fol. maroq.
r. fil. tr. dor. (*Cuzin.*)

Superbe exemplaire sur PAPIER DE CHINE.

368. Le Rabelais de poche, avec un Dictionnaire
pantagruélique tiré des OEuvres de Fr. Rabelais.
A Alençon, chez Poulet-Malassis et de Broise,
1860, in-12, frontispice gravé, demi-rel. mar. bl.
n. rogn.

369. Les Héros de Rabelais, ou Aventures drolatiques de Gargantua, Panurge et Pantagruel, mis
en vers libres, par Th. Fragonard et J. de La-
marque. *Paris,* 1851, in-12, demi-rel. mar. brun,
tête dor. n. rog.

370. LES SEPT JOURNÉES DE LA REINE DE NA-
VARRE, suivies de la huitième (édition de Claude
Gruget, 1559), notice et notes par P. Lacroix, index et glossaire, planches à l'eau-forte par Flameng. *Paris, Jouaust,* 1872, 4 vol. en 8 parties
in-8, br. n. coup.

Un des 10 exemplaires sur GRAND PAPIER DE CHINE, avec les épreuves
avant la lettre.

371. Les Serées de Guillaume Bouchet, sieur de Bro-
court, avec notices et index par C.-E. Roybet.

Paris, *Alph. Lemerre*, 1873-1875, 4 vol. in-12,
broché.

Exemplaire sur PAPIER DE CHINE.

372. Bonaventure des Periers. — Le Cymbalum
Mundi, texte de l'édition princeps de 1537, avec
notice, commentaire et index, par Félix Frank.
Paris, *Alph. Lemerre*, 1873, in-12, br. n. coup.

Exemplaire sur PAPIER DE CHINE.

373. Les Aventures de Télémaque, par Fénelon,
édition enrichie de 25 estampes gravées d'après
les dessins de Ch. Monnet, par J.-B. Tilliard.
Paris, 1810, in-4, demi-rel. bas. rouge, dent. tr.
marb.

374. Aventures de Télémaque, par Fénelon. *Paris*,
Victor Lecou, 1853, 2 vol. in-8, demi-rel. maroq.
rouge.

375. AVENTURES DE TÉLÉMAQUE, par Fénelon. *Tours*,
Mame, 1873, in-8, br.

Quatorze eaux-fortes de Foulquier. Exemplaire en GRAND PAPIER DE
HOLLANDE.

376. Les Amours de Psyché et de Cupidon, par J. de
la Fontaine. *Paris*, *Defer de Maisonneuve*, 1791,
in-4, maroquin vert, tr. dor. (*Anc. rel.*)

Figures imprimées en couleurs, d'après les tableaux de Schaall.

377. Histoire d'Iris et de Dafnis, nouvelle. *Paris*,
chez Claude Barbin, 1666, in-12, maroq. viol. fil.
tr. dor.

378. Lettres à la Marquise *** sur le sujet de la princesse de Clèves. *Paris*, *Cramoisy*, 1678, in-12, v.
broché.

Par de Valincourt. Édition originale.

379. Les Contes des fées, en prose et en vers, de Ch.
Perrault, nouvelle édition, précédée d'une lettre
critique par Ch. Giraud. *Paris*, *Impr. impériale*,
1864. in-8, portr. gravures et vignettes gravées à

l'eau-forte, maroq. viol. dos orné, fil. rosace, mosaïq. sur les plats tr. dor. (*Smeers.*)

Édition tirée à petit nombre et devenue rare.

380. L'École des maris jaloux, ou les Fureurs de l'amour jaloux. *A Neufchâtel, chez Matthieu Fortin,* 1698, pet. in-12, figures bas.

381. Le Bachelier de Salamanque, ou les Aventures de don Chérubin de la Ronda, par le Sage. *Paris, Cailleau,* 1759, 2 vol. pet. in-12, figures, v. tr. rouge.

382. Histoire d'Estevanille Gonzalez surnommé le Garçon de bonne humeur, tirée de l'espagnol, par M. Lesage. *A Paris, chez Prault,* 1734, 2 parties en 1 vol. in-12, maroq. rouge, dos orné, fil. à comp. dent. int. doublé de soie moirée bleue, tr. dor. (*Amand.*)

Édition originale. Bel exemplaire.

383. LE SAGE. Histoire d'Estevanille Gonzalez, surnommé le Garçon de bonne humeur, tirée de l'espagnol. *Paris, Prault,* 1734, 2 part. en 1 vol. in-12, v.

Édition originale.

384. Histoire de Gil Blas de Santillane, par le Sage. *Paris, Paulin,* 1835, gr. in-8, figures, demi-rel. mar. r. avec coins, tête dorée, n. rogn.

Racommodages.

385. Le Diable boiteux, par M. le Sage. *Amsterdam, P. Mortier,* 1729, 2 vol. pet. in-12, figures v. br.

386. LES AVANTURES du chevalier des Grieux et de Manon Lescaut, par M. D***. *A Amsterdam, aux dépens de la Compagnie,* 1733, in-12, v. br. (409 pages).

Première édition, connue jusqu'ici, portant un autre titre que : *Suite des Mémoires d'un homme de qualité.* La dernière page, cotée 409, n'est en réalité que la 379e, par suite de la mauvaise pagination.

387. Histoire du chevalier des Grieux et de Manon
Lescaut. *Amsterdam*, 1753, 2 vol. in-12, v. f.

Réimpression sous cette date.

388. Histoire du chevalier des Grieux et de Manon
Lescaut. *Amsterdam*, 1756, in-12, cart. n. rogn.

389. Histoire du chevalier des Grieux et de Manon
Lescaut, par l'abbé Prévost. *Paris, Alph. Lemerre*,
1870, in-16, br. n. c. couv. en vél. blanc.   ·

Exemplaire sur PAPIER DE CHINE, avec deux frontispices gravés à l'eau-
forte avec et avant la lettre.

390. Histoire de Gil Blas, par le Sage, vignettes de
Jean Gigoux. *Paris, Paulin,* 1835, gr. in-8, vign.
en 2 vol. demi-rel.

391. Candide, ou l'Optimisme, par Voltaire, édition originale suivie d'une lettre de M. Démad et
de notes et variantes. *Paris, Jouaust,* 1869, gr.
in-8, br. n. coup. couv. en vél. blanc, portrait
gravé à l'eau-forte.

Exemplaire sur PAPIER DE CHINE.

392. Le Temple de Gnide (par Montesquieu, portrait-
médaillon gravé sur le titre et figures gravées par
Bertaux). — Céphise et l'Amour (par le même). —
Arsace et Isménie, figures de Lebarbier. *Paris, Di-
dot jeune, an III,* in-16, maroq. noir, tr. dor.
(*Anc. rel. fatiguée.*)

393. Les Manteaux, recueil (par le comte de Cay-
lus). *La Haye,* 1746, 2 part. en 1 vol. in-12,
frontispice de Cochin, mar. r. fil. tr. dor. (*Rel.
anc.*)

394. Les Amours de Carite et de Polydore, roman
traduit du grec (par l'abbé Barthélemy). *Paris,*
1760, in-12, demi-rel. maroq. rouge.

395. Les Amours de Mirtil. *A Constantinople,* 1761,
in-12, titre front. gravé et 6 figures de Gravelot,
v. éc. fil. tr. marbr.

396. Histoire amoureuse de Pierre le Long et de sa très-honorée dame Blanche Bazu; la musique de M. Philidor. *Londres*, 1765, in-12, v. fig.

397. Histoire amoureuse de Pierre le Long et de sa très-honorée dame Blanche Bazu, nouvelle édition, précédée d'un discours sur la langue françoise, par M. de Sauvigny. *A Londres*, 1768, in-8, fig. et vignettes et musique notée, maroq. olive, fil. dos orné, dent. int. tr. dor. (*Amand.*)

398. Adélaïde, ou l'Amour et le repentir, anecdote volée par M. D. M. (M. Savin). *A Amsterdam et à Paris*, 1769, in-8, figure et vignette gravée, mar. la Vall. jans. dent. int. tr. dor. (*Amand.*)

399. Passe-Temps des mousquetaires, ou les Loisirs bien employés, par M. D. B. (Desbiefs, avocat, né à Dôle). *Au quartier général de l'imprimerie du Tambour-Major, s. l. n. d.*, in-12, demi-rel. maroq. rouge.

400. Tarsis et Zélie (par Le Vayer de Boutigny). *Paris, Musier fils*, 1774, 3 vol. in-8, figures et vignettes d'Eisen, gravées par Ponce, etc., maroq. vert, dos orné, fil. dent. int. tr. dor. (*Cuzin.*)

Exemplaire en GRAND PAPIER DE HOLLANDE.

401. Cléomène, ou Tableau abrégé des passions, extrait d'un manuscrit trouvé chez les Coloyers du mont Athos (par Mérard Saint-Just). *Paris, de l'imprimerie de Monsieur*, 1785, in-16, maroq. vert clair, jans. dent. int. tr. dor.

Ce roman est devenu rare, et cet exemplaire est un des six tirés sur PAPIER VÉLIN.

402. Les Liaisons dangereuses, ou Lettres recueillies dans une société et publiées pour l'instruction de quelques autres, par M. C... de L... (C. de Laclos). *Amsterdam, et se trouve à Paris chez Durand neveu*, 1782, 4 parties en 2 vol. in-12, por-

trait ajouté, maroq. vert, dos orné fil. dent. int.
tr. dor. (*Cuzin.*)

Première édition.

403. Les Aventures du chevalier de Faublas, par
Louvet de Couvray, édition illustrée de 300 dessins, par MM. Baron, Français et C. Nanteuil,
précédée d'une notice sur l'auteur, par V. Philipon
de la Madelaine. *Paris, J. Malet*, 1842, 2 vol.
gr. in-8, demi-rel. maroq. rouge, tête dor. n. rog.

404. Joseph, par M. Bitaubé. *Paris, de l'imprimerie de Didot l'aîné*, 1786, in-8, papier vélin, portrait d'après Cochin, et figures de Marillier, mar.
bleu, dos orné, dent. tr. dor. (*Thouvenin.*)

Exemplaire de M. RIGAUD.

405. Numa Pompilius, second roi de Rome, par
M. de Florian. *Paris, de l'impr. de Didot l'aîné*,
1786, in-8, papier vél. front. gravé d'après Que-
verdo, maroq. vert, fil. tr. dor. (*Anc. rel.*)

406. Le Diable amoureux, roman fantastique, par
J. Cazotte, précédé d'une notice par Gérard de
Nerval. *Paris, Léon Ganivet*, 1845, in-8, demi-
rel. mar. r. avec coins, tr. sup. dor. n. rogn.
*Figures dans le texte et reproduction des figures
de l'édition originale.*

407. RÉTIF DE LA BRETONNE. Le Paysan perverti. *La
Haye*, 1776, 4 vol. — La Paysanne pervertie. *La
Haye*, 1784, 4 vol. — Ensemble 8 vol. in-12, mar.
r. fil. tr. dor. (*Cuzin.*)

Bel exemplaire. Bonnes épreuves des gravures.

408. PAUL ET VIRGINIE et la Chaumière indienne,
par J.-H. Bernardin de Saint-Pierre. *Paris,
L. Curmer, 25, rue Sainte-Anne*, 1838, gr. in-8,
papier vélin, maroq. rouge, large dentelle, dos
orné, fil. tr. dor. (*Galette.*)

Superbe exemplaire. Figures et portraits par Tony Johannot, Lafitte et
Meissonnier, sur chine avant la lettre.

409. B. DE SAINT-PIERRE. Paul et Virginie, préface par J. Janin, compositions d'Émile Lévy, gravées par Flameng. *Paris, Jouaust,* 1875, in-12, br. n. coup. couv. vélin blanc, avec tête viol. et or, texte enc. de fil. rouges.

Exemplaire sur PAPIER DE CHINE.

410. Point de lendemain, conte (avec une dissertation sur la question de savoir quel est l'auteur de ce conte). *Lyon, impr. de Louis Perrin, et Leclère, libr. à Paris,* 1866, in-8 de 76 pages, mar. citr., large dent. à comp. dos orné, tr. dor.

Exemplaire sur PAPIER DE CHINE.

411. J. Barbey d'Aurevilly. L'Ensorcelé. — Une Vieille Maîtresse. *Paris, Alph. Lemerre,* 3 vol. in-12, br. n. coup. portrait gravé.

Exemplaire sur PAPIER DE CHINE.

412. Victor Hugo. Notre-Dame de Paris, édition illustrée. *Paris, Perrotin,* 1844, gr. in-8, fig. demi-rel. mar.

413. Victor Hugo. Notre-Dame de Paris, édition illustrée d'après les dessins de MM. E. de Beaumont, L. Boulanger, Daubigny, E. Johannot, Meissonier, etc. *Perrotin et Garnier frères,* 1844, gr. in-8, maroq. rouge, dos et plats, ornem. mosaïq. dent. int. tr. dor. (*Amand.*)

414. Scènes de la vie privée et publique des animaux, vignettes de Grandville. *Paris, J. Hetzel et Paulin,* 1842, 2 vol. in-4, maroq. rouge jans. dent. int. tr. dor. (*Amand.*)

1re ÉDITION. Magnifique exemplaire.

415. LES CONTES DROLATIQUES, par Balzac. *Paris,* 1855, fort vol. in-12, maroq. vert foncé, dos fil. dent. int. tr. dor. (*Cuzin.*)

1er tirage des gravures de GUSTAVE DORÉ.

416. Fanny, étude, par Ern. Feydeau. *Paris, Amyot,* 1858, gr. in-8, br. n. coup.

Exemplaire sur GRAND PAPIER DE HOLLANDE

417. La Double Vie, nouvelles, par Ch. Asselineau. *Paris, Poulet-Malassis*, 1858, in-12, figure demi-rel. maroq. rouge, avec coins, tête dor. n. rog. (*Amand.*)

418. Spirite, nouvelle fantastique, par Théophile Gautier. *Paris, Charpentier*, 1866, in-12, br. n. coup.

Exemplaire sur GRAND PAPIER DE HOLLANDE.

419. Le Dragon impérial, par Judith Mendès. *Paris, Alph. Lemerre*, 1869, in-12, br. n. coup.

Exemplaire sur PAPIER DE CHINE.

420. Ménagerie intime, par Théophile Gautier. *Paris, Alph. Lemerre*, 1869, br. n. coup.

Exemplaire sur PAPIER DE CHINE.

421. Les Souffrances du professeur Delteil, par Champfleury, vignettes par Crafty. *Paris, J. Rothschild*, 1870, in-12 carré, br. n. coup.

Exemplaire sur PAPIER DE CHINE.

422. Octave Féré. La Comédienne amoureuse, illustrations par H. Rousseau. *Paris, Déc. Alonnier*, 1870, in-12, br. gravures.

Exemplaire sur PAPIER DE HOLLANDE.

423. Alphonse Daudet. Contes du lundi. *Paris, Alph. Lemerre*, 1873, in-12 br. n. coup.

Exemplaire sur PAPIER DE CHINE.

424. La Tentation de saint Antoine, par Gustave Flaubert. *Paris, Charpentier*, 1874, gr. in-8, br. n. coup.

Un des 12 exemplaires sur PAPIER DE CHINE.

425. Quatrelles. Le Chevalier Beautemps, préface d'Alex. Dumas fils, vignettes de G. Doré. *Paris*, s. d., gr. in-8, demi-rel. mar. r. avec coins. (*Cuzin.*)

Exemplaire sur PAPIER DE CHINE.

426. Edmond et Jules de Goncourt. Renée Mauperin et sœur Philomène. *Paris, Alph. Lemerre*,

1875-76, 2 vol. in-12, br. n. coup. portrait gravé à l'eau-forte.

Exemplaire sur PAPIER DE CHINE.

---

427. Contes de Boccace. *Londres,* 1779, 10 vol. in-8, demi-rel. v. tr. dor.

Figures de Gravelot.

428. Nouvelles de Jean Boccace, traduction libre par Mirabeau. *Paris,* 1802, 4 vol. in-8, figures gravées sous la direction de Ponce, d'après les dessins de Marillier, v. rac.

429. LES DIX JOURNÉES DE JEAN BOCCACE, traduction de Le Maçon, réimprimée par les soins de D. Jouaust, avec notice, notes et glossaire par M. P. Lacroix, onze eaux-fortes par Flameng. *Paris, Jouaust,* 1873, 4 vol. en 10 parties in-8. br. n. coup.

Un des 15 exemplaires sur GRAND PAPIER DE CHINE, avec les épreuves des gravures avant la lettre.

430. LES DIX JOURNÉES DE JEAN BOCCACE, traduction de Le Maçon, réimprimée par les soins de D. Jouaust, avec notice, notes et glossaire par Paul Lacroix. *Paris,* 1873, 10 parties in-8, br. formant 4 vol. avec onze eaux-fortes, par Flameng.

Exemplaire en GRAND PAPIER DE HOLLANDE.

431. El ingenioso hidalgo Don Quixote de la Mancha, compuesto por Mig. de Cervantes Saavedra. *En Paris,* 1814, 6 vol. in-8, v. viol. demi-rel. n. rogn. *figures avant la lettre.*

432. VOYAGES DE GULLIVER. *Paris (A. Leclère),* 1860, 4 parties formant 2 tomes en 4 vol. in-16, front. et figures de Lefèvre avant la lettre, maroq. bleu, tr. dor. (*L. Smeers.*)

Édition tirée à 150 exemplaires.

433. LES QUATRE VOYAGES DU CAPITAINE LEMUEL GUL-LIVER, traduction de l'abbé Desfontaines, revue, complétée et précédée d'une notice, par M. Reynald. *Paris, Jouaust,* 1875, 2 vol. en 4 parties in-8. br. n. coup. gravures à l'eau-forte, par Lalauze.

Exemplaire sur PAPIER DE CHINE, contenant les gravures en double épreuve avant et avec la lettre.

434. Histoire de Tom Jones, ou l'Enfant trouvé, traduction de l'anglais de Fielding, par M. D. L. P. (de la Place). *A Londres, chez Jean Nourse,* 1750, 4 vol. in-12, figures de Gravelot, maroq. rouge, jans. dent. int. tr. dor. (*Rel. mod.*)

Bel exemplaire de l'édition originale de la traduction, provenant de la bibliothèque de feu M. Améd. Rigaud.

435. H.-W. Longfellow. Évangéline, conte d'Acadie, traduit par Ch. Brunel, édition illustrée de 45 vignettes sur bois. *Paris, Hachette,* 1872, in-12 carré de 119 pages, n. coup. br.

Exemplaire sur PAPIER DE CHINE.

436. OEuvres de Gessner. *Imprimerie de Patris,* 1796, 3 vol. in-8 br., *figures de Binet.*

437. OEuvres de Salomon Gessner. *Paris, Renouard,* 1799, 4 vol. in-8, demi-rel. n. rogn.

PAPIER VELIN. Figures de Moreau jeune.

438. OEuvres de Salomon Gessner. *A Paris, de l'imprimerie de Crapelet, an V,* 3 vol. in-16, maroq. rouge, dent. tr. dor. (*Anc. rel.*)

439. Les Souffrances du jeune Werther, par Goëthe, traduites par le comte Henri de la B... *Paris, Crapelet,* 1845, in-8, figure de E. Johannot, demi-rel. maroq. rouge, tête dor. n. rog.

6. SATIRES, FACÉTIES.

440. Les Sept Péchés capitaux de la littérature, et le Paradis des gens de lettres, par Ch. Asselineau. *Paris, Alph. Lemerre,* 1872, in-16, br. n. coup.

(portrait de l'auteur gravé à l'eau-forte, par Léop. Flameng).

Exemplaire sur PAPIER DE CHINE.

441. Le Livre des proverbes français, précédé de recherches historiques, par M. Le Roux de Lincy. *Paris, Ad. Delahays*, 1859, 2 forts vol. in-12, br.

Exemplaire sur GRAND PAPIER VÉLIN.

442. Recueil de pièces rares et facétieuses, anciennes et modernes en vers et en prose, remises en lumière avec le concours d'un bibliophile. *Paris, A. Barraud*, 1872-73, 4 vol. in-8, br. eaux-fortes sur chine avant la lettre.

Un des 20 exemplaires sur papier Whatman.

443. Facéties provençales, ou Recueil de diverses pièces bouffonnes originales et inédites en idiome provençal, Lou Barbier d'Ouréou. *Marseille, chez Chardon*, 1815, in-12 de 72 pages, demi-rel. v. fauve, tête dor. n. rog.

— Même ouvrage, même édition, même reliure.

444. Les Bigarrures du seigneur des Accords, avec les Apophthegmes du sieur Gaulard et les Escraignes dijonnoises. — Les Touches du seigneur des Accords. *Bruxelles*, 1866, ens. 4 vol. in-12, demi-rel. maroq. rouge avec coins, fil. tête dor. n. rog.

Exemplaire sur PAPIER DE HOLLANDE.

445. Le Moyen de parvenir, par Beroalde de Verville, nouvelle édition, publiée par un bibliophile campagnard. *Paris*, 1870-72, 2 vol. in-8, vignettes, maroq. citr. dos. orné fil. tr. dor. (*Cuzin.*)

Très-bel exemplaire sur PAPIER DE CHINE.

446. Le Moyen de parvenir, contenant la raison de tout ce qui a été est et sera (par Beroalde de Verville). *S. l.*, 1739, 2 vol. in-16, v. fauve, tr. dor.

447. La Polymachie des marmitons, ou la Gendarmerie du pape, en laquelle est amplement escrite l'ordre que le pape veut tenir en l'armée qu'il

veut mettre sus pour l'élesvement de sa marmitte,
avec le nombre des capitaines et soldats qu'il veut
armer pour mettre en campagne. *Lyon, par Jean
Saugrain*, 1563, in-8, drel. mar. avec coins (*Capé*.)

Réimpression faite à Strasbourg en 1851. Exemplaire sur papier bleu.

448. Le Cochon mitré, dialogue. *Paris, Panc-
kouche,* 1850, in-16, v. fauve, tête dor. n. rog.

Réimpression tirée à petit nombre.

449. Le Livre de quatre couleurs (par Caraccioli).
*Aux quatre éléments, de l'imprimerie des Quatre
Saisons, en* 4444. (Paris, Duchêne, 1760), in-12,
v. éc. fil. tr. marbr.

450. ÉLOGE DE L'ENFER, ouvrage critique, historique
et moral. *A la Haye, chez Pierre Gosse,* 1759,
2 vol. in-12, figures, maroq. rouge, dos orné, fil.
dent. tr. dor. (*Cuzin.*)

451. Éloge du sein des femmes, par Mercier de
Compiègne. *Paris, Barraud,* 1873, in-8, br. n.
coup.

Exemplaire sur PAPIER DE CHINE.

452. Sermon pour la consolation des ***. *Roanne,*
1833, in-12 de 104 pages, figures, demi-rel. v.
fauve, tête jasp. n. rog. (*Allo.*)

453. Aresta amorum cum erudita Benedicti Curtii
Symphoriani explanatione. *Lugduni, apud Seb.
Gryphium,* 1553, in-4, v.

454. Du Dandysme et de G. Brummel, par J.-A.
Barbey d'Aurevilly. *Paris, Poulet-Malassis,* 1861,
in-16, demi-rel. mar. rouge avec coins, tête dor.
n. rog. (*Galette.*)

455. L'Art de P***, essai théori-physique... *En Wes-
phalie,* 1776, in-12, demi-rel. mar. bl. avec coins,
(*Belz-Niedrée.*)

456. Le Nouveau M***, ou Manuel des facétieux et
bons Ch.***, recueil de poésies et d'anecdotes

propres à certain usage journalier. *A M*** s. d.,*
in-8, fig. demi-rel. mar. v. tr. sup. dor. n. rogn.

7. DIALOGUES. — ÉPISTOLAIRES.

457. Des. Erasmi Colloquia. *Amstelodami, typis
Ludovici Elzevirii,* 1650, in-16, maroq. r. fil. tr.
dor. (*1re Niedrée.*)

458. Les Dialogues de Jacques Tahureau, gentilhomme du Mans, avec notice et index, par F.
Conscience. *Paris, Alph. Lemerre,* 1870, in-12,
br. n. coup.

Exemplaire sur PAPIER DE CHINE.

459. Les Entretiens de feu M. de Balzac. *A Leide,
chez Jean Elzevier,* 1659, pet. in-12, front. gr. v.
fauve, fil. tr. dor.

460. Hexaméron rustique, ou les Six Journées pas-
sées à la campagne entre des personnes studieuses,
(par Lamotte le Vayer). *Cologne, Pierre Brunis-
sen,* 1671. (*A la Sphère.*) In-12, v. f.

461. Les Épistres de Sénèque, traduites par M. François de Malherbe. *Lyon, Claude la Rivière,* 1652,
in-12, portrait, mar. br. tr. dor. (*Amand.*)

462. Lettres nouvelles de M. Chevreau. *A Paris,
chez Nicolas de Sercy,* 1642, pet. in-8, maroq.
rouge, tr. dor. (*Anc. rel. très-fatiguée.*)

463. LETTRES CHOISIES de madame de Sévigné. *Tours,
Mame,* 1871, in-8 br.

Dix-huit eaux-fortes par V. Foulquier. Exemplaire en GRAND PAPIER DE
HOLLANDE.

464. Lettres de Ninon de Lenclos au marquis de Sévigné, avec sa Vie. *Londres (Cuzin),* 1782, 2 vol.
in-8, portrait, v. éc. fil. tr. dor.

465. Voltaire. Lettres et Poésies inédites adressées
à la reine de Prusse, à la princesse Ulrique, à la
margrave de Bareuth, publiées par M. Victor

Adrielle. *Paris, Jouaust,* 1872, br. in-12 de 70
pages, n. coup.

Exemplaire sur PAPIER DE CHINE.

466. Lettres portugaises, avec les réponses. — Lettres de Mlle Aïssé, publiées par Eug. Asse. *Paris,
Charpentier,* 1873, in-12, br. n. coup. (portrait
fac-simile du temps).

Exemplaire en GRAND PAPIER DE HOLLANDE.

467. Alphonse Daudet. Lettres à un Absent. *Paris,
Alph. Lemerre,* 1871, in-12 br.

Exemplaire sur PAPIER DE CHINE.

8. POLYGRAPHES. — COLLECTIONS.

468. PLUTARQUE. Les Vies des hommes illustres
(trad. du grec par Amyot). *Paris, Vascosan,* 1567,
7 volumes. — Décade, 1 vol. — OEuvres morales.
Paris, Vascosan, 1574, 6 vol. — Ensemble 14
vol. in-8, maroq. rouge, jans. (*Rel. anc.*)

Cet exemplaire est réglé à partir du tome sixième. Le septième volume
renferme les vies d'Annibal et de Scipion. Le tome premier des Morales est
piqué. La reliure est uniforme.

469. OEuvres complètes du roi René. *Paris, Picard,* 1849, 2 tomes en 1 volume in-fol., demi-
rel. mar. rouge avec coins, tête dor. n. rog. r.
n. rogn.

Tomes I et II.

470. Brantôme. Les OEuvres. *Leyde, Jean Sambix,*
1722, 10 vol. in-12, v. br.

471. OEUVRES de M. Scarron, nouvelle édition.
Amsterdam, chez J. Wetstein, 1752, 7 vol. in-12,
portrait et frontispices gravés par Folkema, mar.
rouge, dos pointillé à petits fers, fil. dent. int. tr.
dor. (*Capé.*)

Haut. 137 mill.

472. OEuvres de M. de Saint-Évremond, avec la Vie
de l'auteur par M. Desmaizeaux, édition ornée de

figures et vignettes en taille-douce. *S. l.,* 1740,
9 vol. in-12, v. fauve antiq.

483. VOLTAIRE. Théâtre, 5 vol. — Histoire de
Charles XII, 1 vol. — Siècle de Louis XIV et suite,
2 vol. — *Genève,* 1768-1769, 8 vol in-4, maroq.
rouge (*anc. rel.*).

Figures de Gravelot. Aux armes de GRAMMONT-CHOISEUL.

474. OEUVRES COMPLÈTES DE M. LE VICOMTE DE CHA-
TEAUBRIAND. *Paris, Pourrat fr.,* 1838-39, 32 vol.
gr. in-8, figures de Tony Johannot, demi-rel.
maroq. rouge.

Exemplaire en GRAND PAPIER VÉLIN NON ROGNÉ.

475. OEuvres de Xavier de Maistre, avec une notice
et des notes par Eug. Réaume. *Paris, Alph. Lemerre,* 1876, in-12, br. n. coup. (portrait gravé à
l'eau-forte, 2 états).

Un des 20 exemplaires sur PAPIER DE CHINE.

476. GAUTIER (Th.). Le Roman de la momie. — Tableaux du siége, Paris, 1870-1871. — Emaux et
Camées (avec portrait à l'eau-forte de J. Jacque-
mart). — Théâtre, mystère, comédies et ballets.
— Portraits contemporains (avec deux épreuves
du portrait, dont une épreuve *avant la lettre* sur
papier de Chine volant). — Les Jeunes-France,
romans goguenards, suivis de Contes humoristi-
ques. — Poésies complètes, 2 vol. *Paris, Charpentier,* 1870-1876. — Ensemble 8 vol. in-12, br.
non coupés.

Exemplaire en GRAND PAPIER DE HOLLANDE.

477. GRILLE. Le Bric-à-Brac. — La Fleur des pois.
— Autographes de savants et d'artistes. — Miettes
littéraires. *Paris, Ledoyen,* 1853, 8 vol. in-12,
demi-rel. mar. vert, n. rog.

478. OEuvres de Léon Gozlan. *Paris, Alph. Lemerre,* 1873-1875, 2 vol. in-12, br. n. coup. portrait gravé à l'eau-forte.

Exemplaire sur PAPIER DE CHINE.

479, Anthologie des prosateurs français depuis le
xıı° siècle jusqu'à nos jours. — Anthologie des
poëtes français depuis le xv° siècle jusqu'à nos
jours. *Paris, Alph. Lemerre, s. d.,* ens. 2 vol.
in-12, br. n, coup.

Exemplaire sur PAPIER DE CHINE.

480. Bibliothèque originale. *Paris, R. Pincebourde,*
1864-1866, ens. 8 vol. in-12 carré (exemplaires
sur papier de Chine, avec les eaux-fortes en 3
états). Demi-rel. avec coins maroq. rouge jans.
tête dor. n. rog. (*Galette.*)

Les Mystifications de Caillot-Duval. — La Vérité sur la mort d'Alexandre
le Grand et la mort de Jules César. — Béranger et son temps, par J. Janin,
2 vol. — L'Histoire du sieur abbé comte de Bucquoy. — Pétrus Borel le
Lycanthrope. — Fréron, ou l'Illustre Critique.

481. NOUVELLE COLLECTION JANNET. *Paris, E. Picard
et Lemerre,* 1866-1874, ens. 19 vol. in-12, br.
dans des étuis cart.

Rabelais, 7 vol. — Clément Marot, 4 vol. — Fables de la Fontaine, 2 vol.
— Le Roman bourgeois, 2 vol. — La Princesse de Clèves. — Contes fantas-
tiques. — Don Pablo de Ségovie. — Sakountala.
Tous ces ouvrages sont sur PAPIER DE CHINE.

482. COLLECTION DES PETITS CHEFS-D'OEUVRE comprenant les petites œuvres des grands écrivains. *Paris,
Jouaust,* 1872-1875, ens. 4 vol. in-12, br. n.
coup.

X. de Maistre. Voyage autour de ma chambre.
Lesage. Turcaret.
Gresset. Ver-Vert.
La Boétie. La Servitude volontaire.
Hamilton. Le Bélier, Fleur d'épine, les Quatre Facardins, Zénéide.
Voyage de Chapelle et de Bachaumont.
Gentil-Bernard. L'Art d'aimer.
Gresset. Le Méchant.
Montesquieu. Le Temple de Gnide.
J. Regnard. Voyage de Laponie.
Bernardin de Saint-Pierre. Chaumière indienne.
  Exemplaires sur PAPIER DE CHINE.

HISTOIRE.

——

I. GÉOGRAPHIE, VOYAGES.

484. La Géographie ancienne, moderne et historique, qui contient les principes de la géographie
de la Pologne, la Moscovie, la France, la Suisse,
la Savoye, l'Allemagne. *Paris, Coignard,* 1694, 3
vol. in-4, v. cartes.

485. Les Voyages et Observations du sieur de la
Boullaye le Gouz, gentilhomme angevin. *Paris,
Gervais-Clousier,* 1657, in-4, portrait, v. br.

486. Laurence Sterne. Voyage sentimental en France
et en Italie, traduction nouvelle par Alfred Hédouin. *Paris, Jouaust,* 1875, in-8, br. n. coup.
Exemplaire sur PAPIER DE CHINE, avec le portrait de Sterne, et 6 gravures à l'eau-forte par Ed. Hédouin, en double épreuve avant et avec la lettre.

487. L'Italie de nos jours, par Edmond Roche. *Paris, H. Mandeville, s. d.,* in-4, demi-rel. maroq.
rouge avec coins, tête dor. n. rog. (*Amand.*)

488. ROME, description et souvenirs, par Francis Wey,
ouvrage contenant 352 gravures sur bois et un
plan de Rome. *Paris, Hachette,* 1873, in-4, mar.
rouge, dos orné, comp. avec rosace, point. doublé
de maroq. bleu avec large dent. à petits fers, tr.
dor. (*Galette, relieur, et Bénard, doreur.*)
Exemplaire sur PAPIER DE CHINE.

489. La Suisse pittoresque, ornée de vues, accompagnée d'un texte par William Beattie, traduit de
l'anglais par L. de Banclas. *Londres,* 1836, 2 vol.
in-4, gravures anglaises, demi-rel. maroq. rouge
avec coins, tête dor. n. rog. (*Amand.*)

490. Les Vallées vaudoises pittoresques, ou Vallées
protestantes du Piémont, du Dauphiné et du ban

de la Roche, par W. Beattie, traduit de l'anglais par L. Banclas. *Londres et Paris*, 1838, in-4, gravures anglaises, demi-rel. maroq. rouge, tête dor. n. rog. (*Amand.*)

491. L'Écosse pittoresque, ou suite des vues prises expressément pour cet ouvrage, par MM. T. Allom, W.-H. Bartlett, le texte par W. Beattie, traduit de l'anglais par L. Banclas. *Londres et Paris*, *s. d.*, 2 vol. — L'Irlande au dix-neuvième siècle, par J.-J. Prévost, précédée d'une introduction par M. le baron Taylor. *Paris, H. Mandeville, s. d.*, ens. 3 vol. in-4, demi-rel. maroq. rouge avec coins, tête dor. n. rog. (gravures anglaises).

492. Le Danube illustré, vues d'après nature dessinées par Bartlett. *Paris, H. Mandeville, s. d.*, 2 tomes en 1 volume, gravures anglaises, in-4, demi-rel. maroq. rouge, tête dor. n. rog. (*Amand.*)

493. L'Empire ottoman illustré. — Constantinople ancienne et moderne, comprenant aussi les Sept églises de l'Asie-Mineure, illustrée par Thomas Allom. *Londres et Paris, s. d.*, 3 parties en 1 vol. in-4, gravures anglaises, demi-rel. chagr. noir, plats toile tr. dor.

494. Les Beautés du Bosphore, par Miss Pardoe, orné d'une suite de vues de Constantinople et de ses envions, d'après les dessins originaux de Bartlett. *Londres, Virtue, s. d.*, in-4, cart. tr. dor., *figures sur acier*.

495. L'INDE DES RAJAHS, voyage dans l'Inde centrale et dans les présidences de Bombay et du Bengale, par L. Rousselet, ouvrage contenant 317 gravures sur bois et six cartes. *Paris,* 1875, in-4, br. n. coup.

Exemplaire sur PAPIER DE CHINE.

496. Vues pittoresques de l'Inde, de la Chine et des bords de la mer Rouge, dessinées par Prout, Austin, etc., sur les dessins de R. Elliot. *Fisher,*

s. d., 2 tomes en 1 vol. in-4, cart. tr. dor. *figures sur acier*.

497. L'Empire chinois, illustré d'après des dessins pris sur les lieux, par Thomas Allom, avec les descriptions par Clément Pellé. *Londres et Paris, s. d.*, 2 vol. in-4, demi-rel. maroq. rouge avec coins, tête dor. (*Amand.*)

498. Canada pittoresque, orné de gravures d'après les dessins de W.-H. Bartlett, la partie littéraire par N.-P. Willis, traduit de l'anglais par L. de Bauclas. *Londres*, 1843, 2 vol. in-4, demi-rel., mar. rouge avec coins, tête dor. n. rog. (*Amand.*)

2. HISTOIRE UNIVERSELLE, HISTOIRE ANCIENNE.

499. Discours sur l'histoire universelle, par Bossuet. *Tours, Mame*, 1870, gr. in-8, br.

Eaux-fortes de Foulquier. Exemplaire en GRAND PAPIER DE HOLLANDE.

500. Discours sur l'histoire universelle, par M. Bossuet, imprimé par ordre du roi pour l'éducation de Mgr le Dauphin. *Paris, de l'impr. de Didot l'aîné*, 1786, 2 vol. in-8, portrait gravé d'après Saint-Aubin, mar. bleu, dent. tr. dor. (*Anc. rel.*)

501. Valerius Maximus. Dictorum Factorumque memorabilium Exempla. *Lugd., apud hæredes Seb. Gryphii*, 1561, in-16, v. à compartiments peints en blanc et en couleurs, dos orné, tr. dor.

Reliure du seizième siècle, restaurée; elle est aux armes de J. Malinfantius. De plus, il a écrit son nom et sa devise sur la garde du volume, à la date de 1566.

502. Histoire grecque, par L. Petit de Julleville. — Histoire romaine, par Eug. Talbot. *Paris, Alph. Lemerre*, 1875, ens. 2 vol. in-12, br. n. coup.

Exemplaire sur PAPIER DE CHINE.

503. Barthélemy. Voyage du jeune Anacharsis en Grèce. *Paris, Hiard*, 1836, gr. in-8, v. ant. fil. tr. dor. (*Lebrun.*)

504. L. Annæus Florus. Cl. Salmasius addidit Lucium Ampelium. *Lugd., Bat., apud Elzevirios*, 1638, in-12, mar. tr. dor. (*Duru.*)

505. Opera Sallustiana. *Impressus per Jac. Marechal,* 1511, in-4, gothique vélin.

506. C. C. Sallustii Opera omnia. *Londini, Payne,* 1789, in-8, gr. pap. vél. tr. dor.
Belle édition.

507. GEOFFROY DE VILLEHARDOUIN. Conquête de Constantinople, texte original, accompagné d'une traduction par Natalis de Wailly. *Paris, Didot,* 1874, gr. in-8, br.
Exemplaire en GRAND PAPIER.

508. Sulpitii Severi Opera quæ extant. *Lugd. Bat., ex off. Elzeviriana,* 1643, in-12, mar. r. tr. dorée. (*Lortic.*)
Bel exemplaire.

509. Roma illustrata. *Amstel., ex off. Elzeviriana,* 1657, in-12, maroquin rouge, fil. dent. tr. dorée. (*Rel. mod.*)

510. Gibbon. Histoire de la décadence et de la chute de l'Empire romain, trad. en français. *Paris, Desrez,* 1837, 2 vol. gr. in-8, demi-rel. maroq. n. rognée.

511. Le Notti Romane (da Alessandro Verri). *Roma,* 1804, gr. in-4, v. br.
Figures en couleurs.

512. Archéologie de Mons Seleucus, ville romaine dans le pays des Voconces, aujourd'hui Labatie-Mont-Saléon, préfecture des Hautes-Alpes. *Gap,* 1806, in-8, demi-rel. maroq. r. avec coins, n. rog. (*Amand.*)

3. HISTOIRE DE FRANCE.

513. Gaule et France, par Alexandre Dumas. *Paris,
U. Canel,* 1833, in-8, demi-rel. v.

514. Mœurs et Coutumes de la vieille France, par
Mary Lafon. *Paris, E. Dentu,* 1859, in-12, mar.
vert, fil. tête dor. n. rog.

Exemplaire sur PAPIER VERT.

515. Recherches historiques sur les fous des rois
de France et accessoirement sur l'emploi du fou
en général, par A. Canel. *Paris, Alph. Lemerre,*
1873, in-12, br. n. coup.

Exemplaire sur PAPIER DE CHINE.

516. Première Entrevue de Clovis Ier, roi des Francs,
et de Clotilde, sa femme, au village de Villery, près
Troyes, par Douge. *Troyes,* 1854, in-8, demi-rel.
mar. r. avec coins. (*Amand.*)

Tiré à petit nombre.

517. Jean, sire de Joinville. Histoire de saint Louis,
texte original, accompagné d'une traduction par
M. Natalis de Wailly. *Paris, Firm.-Didot fr.,* 1874,
in-4, demi-rel. maroq. rouge avec coins, dos
orné, tête dor. n. rog. (*Smeers.*)

518. Dissertation historique sur Jean Ier, roi de France
et de Navarre, par M. Monmerqué. *Paris, Tabary,*
1844, grand in-8, demi-rel. avec coins, maroq.
r., tête dor. n. rog. (*Amand.*)

519. Chronique de la Pucelle, ou Chronique de
Cousinot, suivie de la Chronique normande de
P. Cauchon, avec notes, etc., par M. Vallet de Viri-
ville. *Paris, Ad. Delahays,* 1859, fort vol. in-12.

Exemplaire sur GRAND PAPIER VÉLIN.

520. JEANNE D'ARC, par H. Wallon. *Paris, Didot,*
1876, gr. in-8, br., *figures.*

Exemplaire en GRAND PAPIER.

521. Le Sang des Bourbons, galerie historique des rois et princes de cette maison, depuis Henri IV jusqu'à nos jours, par A. Jacquelin. *Paris, Egron,* 1819, 2 vol. gr. in-4, cart., portraits.

522. Mémoires de Brantôme, contenant les vies des dames galantes de son temps. *A Leyde, Jean Sambix,* 1699, in-12, v. ant.

523. Histoire du roy Henry le Grand, composée par messire Hardouin de Péréfixe, évesque de Rodez. *A Amsterdam, chez Louys et Daniel Elzevier,* 1661, in-12, 1 front. gravé, cuir de Russie, tr. dor.

Titre doublé.

524. Histoire du roy Louis le Grand, par les médailles, emblèmes, devises, jetons, inscriptions, armoiries et autres monuments, publiés, recueillis et expliquez par le père Claude-François Menestrier, de la compagnie de Jésus. *Paris, J.-B. Nolin, graveur du Roy,* 1693, pet. in-fol., planches grav., v. vert, tr. dor.

525. Mazarinades. — La Famine. — La Dernière Soupe à l'Oignon pour Mazarin. — Ballet dansé devant le roy et la reine régente, sa mère. — Plainte du Carnaval. *Paris,* 1649, *sur l'imprimé,* 4 pièces en 1 vol. in-12, demi-rel. maroq. vert, tête dor. n. rog.

Réimpression faite à Lille de quatre mazarinades curieuses, en vers.

526. Introduction à la Fortification, dédiée à Mgr le duc de Bourgogne, par de Fer. *S. l. n. d.,* in-fol. oblong.

Plans des villes fortes de France sous Louis XIV.

527. Mémoires et Réflexions sur les principaux événements du règne de Louis XIV et sur le caractère de ceux qui ont eu la principale part dans les affaires secrettes de France, par M. L. M. D. L. F. (le marquis de la Fare). *A Rotterdam,* 1717, in-12, maroq. vert, fil. tr. dor. (*Rel. mod.*)

528. Le Comte de Clermont, sa cour et ses maîtresses, lettres familières, recherches et documents
inédits, publiés par J. Cousin. *Paris*, 1867, 2 vol.
in-12, br. n. coup.

Exemplaire sur PAPIER DE CHINE.

529. Les Maîtresses du Régent, études d'histoire et
de mœurs sur le commencement du xviiie siècle,
par M. de Lescure. *Paris, E. Dentu*, 1860, in-12.
maroq. r. fil. tête dor. n. rog.

Exemplaire sur papier jonquille.

530. Mémoires du duc de Lauzun (1747-1783),
publiés par Louis Lacour. *Paris, Poulet-Malassis*,
1858, in-12 carré, demi-rel. maroq. rouge, dos
orné, tête dor. n. rog. (*Galette.*)

531. Confession générale de l'année 1786. *A Paris,
chez Buisson*, 1786, in-12, demi-rel. mar. rouge,
tr. peig. (*Amand.*)

532. Mémoire sur les États provinciaux. *S. l. n. d.*,
in-8 de 138 pages, maroq. rouge, tr. dor. (*Anc.
reliure.*)

Aux armes du MARQUIS DE MIRABEAU.

533. De l'Administration des finances de la France,
par M. Necker. *S. l.*, 1784, 3 vol. gr. in-8, maroq.
rouge, fil. tr. dor. (*Derome.*)

Exemplaire du marquis Du Roure, en GRAND PAPIER VÉLIN, avec une
note de sa main.

534. Affaire du Collier. — Mémoire pour Louis-
René-Edouard de Rohan. — Mémoire en forme
de requête, présenté au parlement par M. le car-
dinal de Rohan. — Mémoire sommaire pour la
comtesse de Valois-Lamotte, accusée, contre
M. le procureur général, accusateur. — Mémoire
pour dame Jeanne de Saint-Remy de Valois,
épouse du comte de Lamotte. — Réponse pour
la comtesse de Valois-Lamotte, etc. *Paris*, 1786,
11 pièces réunies en 3 vol. in-8 bas.

535. Affaire du Collier.—Mémoires inédits du comte

de Lamothe-Valois, sur sa vie et son époque
(1754-1830), publiés par L. Lacour. *Paris, Poulet-
Malassis*, 1858, in-12 carré, demi-rel. maroq. r.
tête dor. n. rog.

536. Histoire de la Révolution française , par
MM. A. Thiers et Fél. Bodin. *Paris,* 1823-1827,
10 vol. in-8, demi-r. avec coins, v. fauve, tr.
jaspée.

1re ÉDITION. Exemplaire court de marges.

537. Histoire populaire de la Révolution française.
Paris, Alph. Lemerre, 1872, br. in-12 de 67 pa-
ges. — Catéchisme populaire républicain. *Paris,
Lemerre*, 1871, br. in-12 de 31 pages.

Exemplaire sur PAPIER DE CHINE.

538. Les Français sous la Révolution, par MM. Aug.
Challamel et Wilhem Ténint. *Paris, Challamel, s.
d.*, gr. in-8, fig. en couleurs, demi-rel. maroq. r.
avec coins, fleurons, tête dor. n. rog.

539. Atlas national des 83 départements (1789), in-8,
cartes, v. ant. tr. dor.

540. Almanach des patriotes français, ou Précis des
révolutions de 1789. *A Paris, chez Ladrange*,
1790, in-12, demi-rel. maroq. noir. (*H. Petit.*)

541. L'Almanach des métamorphoses nationales
pour l'année 1790, in-12, demi-rel. maroq. rouge,
tête dor. n. rog.

542. La Constitution française décrétée par l'Assem-
blée nationale. *A Paris, de l'imprimerie de Didot
l'aîné*, 1791, in-32, figures et carte de la France,
maroq. vert, fil. tr. dor. (*Anc. rel.*)

543. Paul Lacroix. XVIIIe Siècle, institutions, usa-
ges et costumes. France, 1700-1789. Ouvrage
illustré de 21 chromolithographies et de 350 gravures sur bois. *Paris, Firm.-Didot fr.*, 1875, in-4,
dans un cart.

Exemplaire en ff. et sur GRAND PAPIER DE CHINE.

544. La France au xixᵉ siècle, illustrée dans ses
monuments et ses plus beaux sites, dessinés
d'après nature par Thomas Allom, avec un texte
descriptif. *Londres, s. d.*, 3 vol. in-4, cart. noir,
est. tr. dor. (*Gravures anglaises.*)

545. Em. Delmas. De Froeschwiller à Paris, notes
prises sur les champs de bataille. *Paris, Alph.
Lemerre*, 1871, in-12, br. n. coup.

Exemplaire sur PAPIER DE CHINE.

546. Histoire du costume en France, depuis les
temps les plus reculés jusqu'à la fin du xviiiᵉ siècle, par J. Quicherat; ouvrage contenant 481 gravures sur bois. *Paris, L. Hachette*, 1875, in-4, br.
n. coup.

Exemplaire sur PAPIER DE CHINE.

4. HISTOIRE DE PARIS ET DES VILLES ET PROVINCES DE FRANCE.

547. PLAN DE PARIS, publié par Turgot. *Paris, s. d.*,
in-fol. mar. r. dent. tr. dor. (*Anc. rel.*)

Aux armes de la ville de Paris.

548. Fêtes publiques, données par la ville de Paris,
à l'occasion du mariage de Mᵍʳ le Dauphin, les 23
et 26 février 1745. In-fol., fig. v. marbr. fil. tr.
dor. (*Anc. rel.*)

Aux armes de la ville de Paris.

549. Lettres de Thérèse ***, ou Mémoires d'une
jeune demoiselle de province pendant son séjour
à Paris (par Philippe Bridard de la Garde). *La
Haye, chez J. Neaulme*, 1740, 4 part. en 2 vol.
in-12, maroq. rouge, dos orné, fil. dent. int. tr.
dor. (*Cuzin.*)

550. Les Astuces et les Tromperies de Paris, ou Histoire d'un nouveau débarqué, écrite par lui-
même; ouvrage rédigé et mis au jour par Nouga-

ret. *Paris, an VII*, 3 vol. in-16, figures, demi-rel. maroq. v. n. rog. (*Amand.*)

551. Vie et Opinions de M. Fréd.-Ch. Graindorge, notes sur Paris, recueillies et publ. par H. Taine. *Paris, Hachette*, 1867, in-8, demi-rel. mar. br. avec coins, tr. sup. dorée, n. rogn. (*Amand.*)

552. Les Lanternes; histoire de l'ancien éclairage de Paris, par Edouard Fournier. *Paris, Dentu*, 1854, in-8, demi-rel. mar.

553. Alfred Delvau. Histoire anecdotique des cafés et cabarets de Paris, avec dessins et eaux-fortes de Gustave Courbet, Léopold Flameng et Félicien Rops. *Paris, E. Dentu*, 1862, in-12, demi-rel. mar. rouge, avec coins, fil. tête dor. n. rog.

554. — Même ouvrage, même édition, demi-rel. cuir de Russie, avec coins, fil. tête dor. n. rog.

555. Alfred Delvau. Les Cythères parisiennes, histoire anecdotique des bals de Paris, avec 24 eaux-fortes et un frontispice de Fél. Rops et Em. Thérond. *Paris, E. Dentu*, 1864, in-12, demi-rel. maroq. rouge, avec coins, dos orné, tête dor. n. rog. (*Amand.*)

556. — Même ouvrage, même édition, demi-rel. maroq. bleu, tête dor. n. rog.

557. ALFRED DELVAU. Les Cythères parisiennes, histoire anecdotique des bals de Paris, avec 24 eaux-fortes et un frontispice de Fél. Rops et Em. Thérond. *Paris, E. Dentu*, 1864, in-12, maroq. r. fil. doublé de maroq. vert, avec dent. tr. dor. (*Amand.*)

558. Histoire anecdotique des barrières de Paris, par Alfred Delvau, avec 10 eaux-fortes par Emile Thérond. *Paris, E. Dentu*, 1865, in-12, demi-rel. cuir de Russie, avec coins, fil. tête dor. n. rog.

559. Alfred Delvau. Le Fumier d'Ennius, avec une eau-forte de Léopold Flameng. *Paris, Ach. Faure,*

1865, in-12, demi-rel. maroq. rouge. avec coins, tête dor. n. rog. (*Amand.*)

560. — Même ouvrage, même édition, même reliure.

561. Alfred Delvau. Les Heures parisiennes. *Paris, Lemer,* 1866, in-12, front. et 25 eaux-fortes d'Emile Benassit, demi-rel. v. fauve, avec coins, dos orné, tête dor. n. rog. (*Galette.*)

562. Les Heures parisiennes, par Alfred Delvau. *Paris, Lemer,* 1866, in-12, br. avec l'appendice, publié en 1872 (25 eaux-fortes d'Emile Benassit).

563. Histoire du livre d'Alfred Delvau intitulé Heures parisiennes. *Paris, Lemer,* 1872, in-12, br. de 48 pages.

564. Alfred Delvau. Les Lions du jour, physionomies parisiennes. *Paris, E. Dentu,* 1867, in-12, demi-rel. maroq. rouge, avec coins, tête dor. n. rog. (*Amand.*)

Exemplaire en GRAND PAPIER DE HOLLANDE.

565. Alfred Delvau. Françoise, chapitre inédit de l'histoire des quatre sergents de la Rochelle. *Paris, Ach. Faure,* 1865, in-18, eau-forte d'Emile Thérond, maroq. rouge foncé, jans. dent. int. tr. dor. (*Amand.*)

Exemplaire en PAPIER DE HOLLANDE.

566. Alfred Delvau. Les Amours buissonnières. *Paris, E. Dentu, s. d.,* in-12, demi-rel. maroq. r. avec coins, tête dor. n. rog. (*Amand.*)

567. Les Jolies Femmes de Paris, par Ch. Diguet, vingt eaux-fortes, par Martial, ornements par Morin. *Paris, A. Lacroix,* 1870, gr. in-8, carré, mar. rouge, jans. doublé de maroq. bleu, avec dent. tr. dor. (*Cuzin.*)

Un des 4 exemplaires sur PEAU VÉLIN.

568. Histoire de Bresse et du Bugey, à laquelle on a réuni celle du pays de Gex, du Franc-Lyonnais

et de la Dombe, par M. Gacon, curé de Bage, et
mise en ordre par M. de Lateyssonnière. *Bourg,*
1825, in-8, demi-rel. maroq. fauve, tête dor. n.
rogné.

569. L'Antiquité du triomphe de Besiers, au jour
de l'Ascension, contenant les plus rares histoires
qui ont esté représentées au susdit jour, ces der-
nières années. *A Besiers, par Jean Martel,* 1628,
pet. in-8, maroquin rouge, doublé de mar. vert,
fil. tr. dor. (*Thouvenin.*)

A la suite se trouve reliée « Pastorale du berger Celidor Besiers » (1629).
Court de marges. Ces deux pièces sont rares. Exemplaire de Soleinne.

570. Pèlerinage sur la Saône de Châlons à Lyon,
par Evariste Maraudon de Montyel. *Châlons-sur-
Saône,* 1838, in-8, demi-rel. mar. v. avec coins,
tr. sup. dor. n. rogn. (*Amand.*)

571. Histoire véritable de la ville de Lyon, par
Claude de Rubys. *Lyon, par Bonaventure Nugo,*
1604, in-fol. bas.

572. Histoire de la ville de Lyon ancienne et moderne, par le R. P. Jean de Saint-Aubin. *Lyon,*
1666, in-fol. bas.

Titre déchiré.

573. Antiquités de Noyon, ou Étude historique et
géographique, archéologique et philologique, par
C.-A. Moet de la Forte-Maison. *Rennes,* 1845,
in-8, demi-rel. dos et coins de maroq. rouge, tête
dor. n. rog.

574. Patrice-Salin. L'Eglise de Saint-Sulpice de Fa-
vières. *Paris, Leclerc,* 1865, gr. in-8, figures,
demi-rel. mar. v. avec coins, tête dorée, non rog.
(*Galette.*)

575. Histoire des roys, ducs et comtes de Bour-
gongne et d'Arles, par André du Chesne, Touran-
geau. *Paris, en la boutique de Nivelle,* 1619,
in-4, bas.

576. Voyage de Piron à Beaune, écrit par lui-même,
accompagné de pièces satiriques accessoires et
de sa biographie anecdotique. *Dijon et Paris,*
1847, in-8, papier de Hollande, maroq. la Vall.
jans. dent. int. tr. dor. (*Amand.*)

577. Notice sur le couvent de Sainte-Marie d'en
haut, par le chevalier Radulph de Gournay. *Grenoble, Merle,* 1862, in-8, figures, demi-rel. v. r.
avec coins.

L'un des 7 exemplaires sur papier rose.

578. Retour de la fontaine de Vaucluse, contenant
l'histoire de cette source et tout ce qui est digne
d'observation dans cette contrée, par l'auteur du
voyage à Vaucluse (F. Arnaon, chanoine de la ca-
thédrale de Paris). *Avignon,* 1805, gr. in-8, portr.
et figures, demi-rel. maroq. brun avec coins,
tête dor. n. rog.

579. Histoire héroïque et universelle de la noblesse
de Provence (par Artefeuil). *A Avignon,* 1757,
2 vol. in-4, figures de blason, bas.

580. Histoire de la terre privilégiée, anciennement
connue sous le nom de pays de Kercorb, par Casimir Pont. *Paris, Dumoulin, s. d.,* gr. in-8, br.
gravures et carte

Exemplaire unique sur **PAPIER DE CHINE.**

581. Le Journal de la comtesse de Sanzay, intérieur
d'un château normand au xvi° siècle, par le comte
de la Ferrière-Percy. *Paris,* 1859, in-12, demi-
rel. dos et coins de mar. r. tr. sup. dor. n. rog.

Exemplaire sur **PAPIER DE CHINE.**

5. HISTOIRE ÉTRANGÈRE.

582. Histoire d'Angleterre, par Olivier Goldsmith,
continuée jusqu'en 1815 par Ch. Cootel et jusqu'à nos jours par le traducteur Mme Alexandrine
Aragon, avec notes d'après MM. Thierry, de Ba-

rante, de Norvins et Thiers. *Paris, Houdaille*, 1837,
4 vol. gr. in-8, portraits et gravures anglaises,
demi-rel. v. viol. n. rog.

583. Histoire des troubles de la Grande-Bretagne.
Paris, Vitré, 1649, in-4, bas.

584. Les Associations en Angleterre (Trade's Unions).
Paris, Germer-Baillière, 1869, in-12, br. n. coup.

Exemplaire sur PAPIER DE CHINE.

585. L'Espagne sous Ferdinand VII, par le marquis
de Custine. *Paris, Ladvocat*, 1838, 4 vol, in-8,
demi-rel. maroq. rouge. tr. jasp.

586. Histoire du gouvernement de Venise (par Ame-
lot de la Houssaye). *Paris, Léonard*, 1685, in-8,
v. f. fil. tr. dor.

587. Des Spinola de Gênes et de la Complainte, depuis les temps les plus reculés jusqu'à nos jours,
suivis de la complainte de Gênes, par Kuhnholtz.
Paris, Delion, 1852, gr. in-4, br. fac-simile.

Tiré à 150 exemplaires.

588. Histoire des reines Jeanne Première et Jeanne
Seconde, reines de Naples et de Sicile, comtesses
de Provence, par Guyot. *Paris, Claude Barbin*,
1700, in-12, v. f. tr. dor.

589. La République des Suisses, descrite en latin
par Josias Simler de Zurich et mise en français
(par Innocent Gentillet). *S. l.*, 1607, in-8, demi-
rel. maroq. brun, tr. peign.

590. Estat present des affaires d'Allemagne, avec les
intérêts et les généalogies des princes de l'Empire
et la relation de ce qui s'est passé dans la campagne de M. le vicomte de Turenne, depuis le
commencement de 1674 jusques en 1675 (par le
sieur Bruneau). *A Paris, chez Pierre le Petit*,
1675, in-12, maroq. rouge à la Duseuil, tr. dor.
(*Anc. rel.*)

591. Mémoires pour servir à l'histoire de la maison
de Brandebourg. *Berlin, Voss,* 1707, 2 t. en 1 vol.
in-4. — Poésies diverses. *Berlin,* 1760, in-4. —
Ensemble 2 vol. in-4, c. de R.

Par Frédéric le Grand.

592. Vie de Catherine II, impératrice de Russie.
Paris, Buisson, 1797, 2 vol. in-8, portrait, cuir
de Russie, fil. tr. dor. (*Bozérian.*)

593. Histoire des chevaliers hospitaliers de Saint-
Jean de Jérusalem, par l'abbé de Vertot. *Paris,*
1726, 4 vol. in-4, v. f. tr. r.

Portraits. Exemplaire aux armes de l'évêque Colbert.

594. Album des pavillons, guidons, flammes de
toutes les puissances maritimes, avec textes par
M. A. Le Gras. *Paris,* 1858, chromolith. par Aug.
Bry, in-4, demi-rel. maroq. rouge, jans. tête dor.
n. rog. (*Amand.*)

6. NOBLESSE, ARCHÉOLOGIE, BIOGRAPHIE,
BIBLIOGRAPHIE.

595. Le Théâtre d'honneur et de chevalerie, ou
l'Histoire des ordres militaires, des roys et princes
de la chrestienté, et leur généalogie, etc., par
André Fauyn. *A Paris, chez Robert Fouët,* 1620,
2 vol. in-4, figures de blason, demi-rel. bas.

596. La Science de la noblesse, par Duchesne. *Paris,* 1729, 3 vol. in-12, v. fig.

597. Traité de la noblesse et de ses différentes espèces, par de la Roque. *Rouen,* 1710, in-4, v.
broché.

598. Traité de la noblesse, par de la Roque. *Rouen,
et se vend à Paris, chez Gilbert,* 1761, in-4, v.

599. Histoire de la principale noblesse de Provence
(par de Magnier). *Aix,* 1719, in-4, bas.

Rare.

600. Chronologie historique des ducs de Croy. *Grenoble*, 1790, in-4, demi-rel. parch. (*avec le tableau*).

601. Nouvelle Méthode raisonnée du blason, ou de l'art héraldique, du P. Menestrier. *A Lyon*, 1780, in-8, bas. (*Figures de blasons.*)

---

602. Annales archéologiques, dirigées par Didron aîné. *Paris*, 1844-1851, 6 vol. in-4, rel. et br. fig.

---

603. Les Vies des hommes illustres de Plutarque, trad. en français par Dacier. *Paris*, 1721, 9 vol. in-4, v.

Exemplaire en GRAND PAPIER.

604. Dictionnaire historique et critique de Pierre Bayle. *Paris, Desoer*, 1820, 16 vol. in-8, v. rac. tr. marbr.

605. Histoire d'Héloïse et d'Abailard, par Marc de Montifaud. *Paris, Alph. Lemerre,* 1873, in-16, br. n. coup.

Exemplaire sur PAPIER DE CHINE.

606. Idée de la vie et de l'esprit de messire Nicolas Choart de Buzanval, évêque et comte de Beauvais (par Fr.-Phil. Mesenguy). *Paris, F. Barrois*, 1717. — La Vie de Godefroy-Hermant, docteur, par feu Adr. Baillet. *Amsterdam, chez P. Mortier*, 1717, ens. 2 ouvr. en 1 vol. in-12, v. f. antiq.

607. Honoré de Balzac, par Théophile Gautier. *Paris, Poulet-Malassis*, 1859, in-12 carré, portrait gravé à l'eau-forte, demi-rel. mar. rouge, avec coins, tête dor. n. rog. (*Amand.*)

608. Jules Janin. Lamartine, 1790-1869. *Paris, impr. Jouaust*, 1869, in-16, br. eaux-fortes de Martial.

Exemplaire sur PAPIER DE CHINE, avec épreuve du portrait avant la lettre.

609. Alexandre Dumas. Mars 1871, par Jules Janin. *Paris, Jouaust,* 1871, in-16, br. n. coup., portrait à l'eau-forte, par Flameng.

Exemplaire sur PAPIER DE CHINE.

610. J. Ponsard. 1814-1867, par Jules Janin. *Paris, Jouaust,* 1872, in-16, br. n. coup., portrait à l'eau-forte par Flameng.

Exemplaire sur PAPIER DE CHINE.

611. La Vie de Thomas Platter, écrite par lui-même. *Genève, impr. de J.-Guill. Fick,* 1862, gr. in-8, br. figures.

---

612. Traité de l'imprimerie (par Bertrand-Quinquet). *Paris, an VII,* in-4, v. fig.

Dédié à Pierre Didot l'ainé.

613. Manuel typographique, par Fournier. *Paris, Barbou,* 1764, 2 vol. in-12, pap. de Hollande, demi-rel. v. f.

614. Geofroy Tory, peintre graveur, premier imprimeur royal, par Aug. Bernard. *Paris, Edw. Tross,* 1857, in-8, demi-rel. avec coins, maroq. rouge, tête dor. n. rog. (*Amand.*)

615. Les Estienne et les Types grecs de François Ier, complément des annales stéphaniennes, par Aug. Bernard. *Paris, Edwin Tross,* 1856, gr. demi-rel. maroq. rouge, tête dor. n. rog.

616. J. Boulmier. Estienne Dolet : sa vie, ses œuvres, son martyre. *Paris, Aug. Aubry,* 1857, pet. in-8, v. f. fil. tr. dor.

L'un des 4 exemplaires sur papier de couleur.

617. Cazin, sa vie et ses éditions, par un cazinophile. *Châlons-sur-Marne, Brissart-Binet éditeur,* s. d., in-8, demi-rel. maroq. rouge avec coins, fil. n. rog.

Exemplaire en GRAND PAPIER VERGÉ DE HOLLANDE.

618. Cazin, sa vie et ses éditions, par un cazinophile. *Châlons-sur-Marne*, 1863, in-16 de 38 pages, demi-rel. v. fauve, tête dor. n. rog.

619. Les Gazettes de Hollande et la Presse clandes-
tine aux xviie et xviiie siècles, par Eug. Hatin.
Paris, René Pincebourde, 1865, gr. in-8, demi-
rel. mar. r. avec coins. (*Galette.*)
Exemplaire sur PAPIER DE CHINE.

620. Philobiblion, excellent traité sur l'amour des
livres, par Richard de Bury, traduit et publié par
Hipp. Cocheris. *Paris, Aubry*, 1856, in-12, mar.
rouge foncé, dos orné, fil. dent. int. tr. dor.
(*Cuzin.*)
Un des 4 exemplaires tirés sur PAPIER DE CHINE.

621. Essai historique et archéologique sur la reliure des livres et sur l'état de la librairie chez les
anciens, avec planches, par Gabr. Peignot. *Dijon,
Lagier*, 1834, in-8, demi-rel.
Rare.

622. L'AMOUR DES LIVRES, par M. Jules Janin, *Paris,
J. Miard*, 1866, pet. in-12, maroq. rouge, fil. doublé de maroq. vert avec ornem. tr. dor. dans un
étui maroq. rouge. (*Reliure de Cuzin.*)

623. Le Livre, par J. Janin. *Paris, H. Plon*, 1870,
gr. in-8, maroq. rouge, jans. dent. int. tr. dor.
(*Cuzin.*)

624. Le Livre et la petite Bibliothèque d'amateur,
essai de critique, d'histoire et de philosophie mo-
rale sur l'amour des livres, par M. Gustave Mou-
ravit. *Paris, Aug. Aubry, s. d.*, in-8, maroq.
rouge, dos orné, fil. dent. int. tr. dor. (*Galette.*)

625. La Librairie de Jean duc de Berry, au château
de Mehun-sur-Yèvre (1416), publ. par Henri de
Beauvoir. *Paris, Aug. Aubry*, 1860, in-8, demi-
rel. mar. v. avec coins, n. rogn. (*Capé.*)
Exemplaire sur PAPIER CHAMOIS.

626. Hain. Repertorium bibliographicum. *Stuttgar-
tiæ*, 1826, 4 vol. in-8 cartonnés.

627. Dictionnaire des pseudonymes, recueilli par
Georges d'Heilly. *Paris, E. Dentu,* 1869, fort
vol. in-12, demi-rel. maroq. br. avec coins, tête
dor. n. rog. (*Amand.*)
Exemplaire en PAPIER DE HOLLANDE.

628. Essai satirique sur les vignettes, fleurons, culs-
de-lampe et autres ornements des livres, traduction libre de l'allemand. *Paris,* 1873, br. in-12
de 40 pages, front. gravé à l'eau-forte, couv. en
vélin bl.
Exemplaire sur PAPIER DE CHINE.

629. Bibliographie des ouvrages relatifs à l'amour,
aux femmes, au mariage, par le comte d'I***. *Paris, Gay,* 1864, in-8, demi-rel. mar. bl. avec
coins. tr. sup. dor. n. rogn. (*Cuzin.*)

630. Joannis Guigard. Bibliothèque héraldique de
la France. *Paris, Dentu,* 1861, gr. in-8, demi-
rel. mar. br. avec coins, n. rog. (*Amand.*)
Exemplaire interfolié de papier blanc.

631. Ch. Nisard. Histoire des livres populaires, ou
de la littérature du colportage. *Paris, Amyot,*
1854, 2 vol. gr. in-8, pap. vélin, demi-rel. mar.
avec coins, tr. sup. dorée, n. rogn. *figures.*

632. Bibliographie romantique. — Catalogue anecdotique et pittoresque des éditions originales des
œuvres de V. Hugo, Alf. de Vigny, Pr. Mérimée,
Alex. Dumas, J. Janin, Th. Gautier, Pétr. Borel,
etc., par Ch. Asselineau, avec eau-forte de Bracquemond, et une autre de C. Nanteuil. *Paris,
P. Rouquette,* 1872, gr. in-8, br. avec l'appendice
publié en 1874.
Exemplaire sur PAPIER DE CHINE.

633. Mélanges tirés d'une petite bibliothèque romantique, par Charles Asselineau. *Paris, René Pin-*

cebourde, 1766, in-8, demi-rel. mar. r. avec coins. (*Galette*.)

Exemplaire sur PAPIER DE CHINE.

634. La Bibliothèque impériale, son organisation, son catalogue. *Paris, Aug. Aubry,* 1861, demi-rel. maroq. rouge avec coins, tête dor. n. rog. (*Amand.*)

635. Catalogue des livres de la bibliothèque publique fondée par M. Prousteau. *Paris,* 1777, in-4, v. m.

Composée en partie des livres et manuscrits de M. H. de Valois.

636. Charles Nodier. Description raisonnée d'une jolie collection de livres. *Paris, Techener,* 1844, in-8, demi-rel. mar. v. avec coins. (*Amand.*)

637. Manuel de l'amateur d'autographes, par Fontaine. *Paris,* 1836, in-8, br.

FIN.